教育の未来をつくるスクールリーダーへ

18人の識者が語る、これからの学校

『教職研修』編集部・編

教育開発研究所

まえがき

今、学校間格差が開いています。

戦後の学校は、「決められたことをしっかりこなす」人材を世に輩出することを目的とし、大きな成功を収めました。そしてそれに呼応して、学校もまた「決められたことをしっかりこなす」ことが目的となり、そのための仕組みが強固につくられてきたと言えます。

しかしこれからは、誰しもが認めるとおり、何が起こるかわからない時代が始まります。誰も確定的なことは言えませんから、学校も、国や自治体の意向をそのまま実直にこなしていればそれで責任を果たした、ということにはなりません。

国レベルの大きな教育改革は続き、降りてくる施策は増える一方ですが、そこにおいては学校が主体的に取り組むこともまたはっきりと求められています。逆に言うと、大小の教育施策すべてに現場で取り組むというのは、「働き方改革」からも人手不足の実態からも現実的ではありません。学校が主体的に、自校にとって必要なことに重点的に取り組んでいくしかないのです。

実際に、昨今、日本各地で主体的な学校をつくっている校長先生の存在が注目されています。それ自体はもちろん喜ぶべきことですが、他方でいまだに「決められたことをしっかりこなす」ことに汲々とし疲弊している学校もまた存在しています。彼我の格差は広がるばかりです。

それは、「教育の機会均等」の理念の危機、公教育の危機です。

学校は、自分で変わらなければなりません。国の方針だから、自治体に言われたから、ではなく、自分たちが変わらないといけない時代なのです。

本書は、月刊『教職研修』の2017~2019年の間の巻頭インタビューを抜粋して収録したものです。いずれも「これからの学校はこうあらねばならない」という方針や手段を明示するものではありません。本書をお読みになった読者が、「では、自校でどうするか?」「自分はこれから何をするか?」と考え、取り組むきっかけとなれば幸いです。

『教職研修』編集部

目次

5章　未来をつくる子どもたちの力と学び

1章　教育の未来、キーワードは「多様性」

出口 治明
ロバート キャンベル
ブレイディ みかこ

自分の頭で考える子どもを育てよう

立命館アジア太平洋大学（ＡＰＵ）学長　出口　治明

学校の「働き方改革」や新学習指導要領は学校教育の大改革ですが、さらに大きな視点＝日本社会全体の来し方行く末から見たとき、「働き方改革」や教育のあり方を改めてどのようにとらえればよいのでしょうか。豊富なビジネス経験と読書量・人脈をもとに多くの教養書やビジネス書を刊行、ビジネスパーソンから絶大な支持を得ている立命館アジア太平洋大学（ＡＰＵ）学長の出口治明氏に、お話をうかがいました。

「働き方改革」／リーダー論

●なぜ「働き方改革」が必要なのか？
――日本社会全体で「働き方改革」が叫ばれていますが、そもそもなぜ日本では、長時間労働になってしまったのでしょうか。

戦後の日本社会を引っ張ってきた製造業の工場モデルでは、製品をできるだけ多く生産することが求められます。そのために、工場もできるだけ長く稼働させたい。そこで、体力もあって力の強い男性が長時間労働に従事することが求められたのです。だから男性は、職場で長時間働き、家では「メシ・風呂・寝る」の生活で済んでいた。

ところが今や、日本のGDPに占める製造業のウエイトは4分の1を大きく割り込んでいます。かわりにウエイトが増しているのはサービス業ですが、こちらはアイデア勝負ですから、長時間労働では頭が疲れてもちません。脳はとても疲れやすいので、2時間×4コマが一日の限界だということで、学者の意見は一致しています。長時間働いても、それに見合ってアイデアがたくさん浮かぶわけではありませんからね。

そもそも長時間労働で生産性が上がったなどという報告は見たことがありません。むしろ翌日の仕事の効率が下がるというデメリットのほうがはるかに大きいはずです。

論理的に考えれば当然こういう結論になるはずですが、いまだに日本では長時間労働が続いています。それは、今の日本のあらゆる組織の経営陣、50〜70代の男性が、「長時間労働をして今の地位を手に入れた」という成功体験を持っているからです。

これを是正するのは容易ではありません。人間が成功体験を捨て去るのは、おそらく不可能だと思います。そのためには、ダイバーシティ（多様性）が大切で、多様な人材を経営陣に入れていくしかありません。

そもそも男性だけで働いている職場では、多様なアイデアは浮かびません。たとえばサービス業のユーザーの過半を占めている女性のほしいものが、男性ばかりが集まって議論してわかるでしょうか？　多様な人材が働かなければ、これからの経済は伸びません。もはや「メシ・風呂・寝る」では経済が成り立たなくなったわけです。

ですから私は、これからは、「人・本・旅」が必要だと思っています。「旅」というのは、体験のことです。早く帰宅し、たくさんの人に会い、たくさん本を読み、いろいろな現場に出かけて体験を積み重ねることで、人は情報を蓄積し頭が刺激されるのです。そこから新しいアイデアが生まれ、生産性が上がるのです。ようやく政府もそのことを認識し、長時間労働是正に向けて動き出していますね。

●「生産性」とは、「成長すること」

――「生産性」とは、具体的にはどのようなことなのでしょうか。

「生産性」とは実は非常に簡単で、要は短い時間でパフォーマンスを上げることです。すなわち

「成長すること」です。

たとえば、職場に新人が来たら、先輩が仕事を教えますね。新人は、最初はその仕事を終えるのに5時間かかる。でもその新人が自分で工夫して仕事に取り組んでみて、その結果、4時間で終えた――先輩は「キミは成長したね」と評価するわけです。

「生産性」を上げるには、このように「自分で考える」以外に解はありません。先輩に言われたとおりにやっているだけでは、永遠に5時間かかるだけ。自分で考えて、成長する、これが「生産性」を上げるということです。

そもそも日本では、人手が足りないのだから、労働時間を減らして生産性を上げていくしかないのです。私は若い人に、「これから先の時代は、いくら上司とケンカしても大丈夫」と話しています。組織としては辞められたら困るのだから、上司のほうから「なんでも言うことを聞くか

でぐち・はるあき

1948年三重県生まれ。日本生命でロンドン現地法人社長、国際業務部長などを務める。2006年、ライフネット企画（現ライフネット生命）を創業。12年上場。社長、会長を経て17年に退任。18年1月より現職。『哲学と宗教全史』（ダイヤモンド社）、『全世界史（上・下）』（新潮文庫）、『0から学ぶ「日本史」講義（古代篇・中世篇）』（文藝春秋）など著書多数。

ら働いてください」と頼まれるくらいの時代になるということです。

●多様だから、意思決定が早くなる

――多様な人材が組織に入ると、いろいろ決定しづらくなるのではないでしょうか。

それは全くの勘違いですよ。日本企業とグローバル企業を比べれば、すぐにわかるでしょう。お互いをよく知っている同質的な人が集まる日本の組織よりも、多様な人が集まるグローバルな組織のほうが、段違いに意思決定が早いですよね。

なぜかというと、バックボーンが異なる多様な人が集う場では、否が応でも「数字・ファクト・ロジック」で議論するしかないからです。ここからは合理的な結論しか導き出されません。日本人同士のツーカー的な話し合いでは、曖昧さが残り、忖度なども生まれて、合理的ですばやい意思決定はできないのです。

また、多様な人がいる場でこそ、イノベーションが生まれます。同じ考え方の者同士では新しい発想が生まれないのは道理ですよね。

●リーダーの役割

――多くのご著書で論じておられますが、リーダーとは、どのような存在でしょうか。

リーダー＝上司は、その職場の労働条件の100％です。たとえどんなに給与がよかろうが、通勤に便利だろうが、上司がイヤだったら部下はそれだけで働く意欲を失います。それだけ上司の存在は大きいということです。

リーダーの本質的な役割は、明確なビジョンを持ち、そのビジョンを自分の言葉で周囲に伝えて共感を得ることです。すなわちリーダーに必要なのは、①何がやりたいのかが明確であること、②目的を遂行するために必要な仲間を集められること、③目的達成に向けてチームをまとめ、困難なときでもみんなを引っ張っていく力があること――この三つの要素が必要です。みんなが喜んでついていくのでなければ、真のリーダーではありません。

またリーダーの条件は、いつも元気で明るく楽しい表情をしていることです。『座右の書「貞観政要」』（角川新書、2019年）という本に詳しく書きましたが、リーダーは元気で明るく楽しい職場をつくらなければなりません。部下が元気で明るく楽しく働けなければ、お客さんに喜んでもらえるサービスなどできるわけがありません。

学校の管理職の先生方には、まず、先生方が元気で明るく楽しく働ける職場をつくっていただくことが肝要だと思います。

他方で私は、実は人間の能力は、それほど高くはなく、大差はないと考えています。作家の小田実さんは「人間みなチョボチョボや」とおっしゃっていますが、まさにそのとおり。チョボチョボの自分にできることは限られているのだから、ほかの人に頼って任せる以外に、組織を強くする方法はありません。

チョボチョボの人間には、持って生まれた器（能力）があります。「努力をすれば人の器は大きくなる」という発想は、実は根拠のない精神論にすぎません。少しは大きくなるかもしれませんが、微増にすぎない。

それなら自分の器の容量を増やすにはどうすればいいか——器の中身を全部捨てることです。言い換えれば、自分の好みや価値観など、こだわっている部分をすべて消してしまうのです。頭の中をゼロの状態に戻すことができれば、器が大きくならなくても、新しい考え方を吸収し、自分を正しく律することができるのではないでしょうか。部屋を空っぽにすれば、新しい家具も入るのです。

また、リーダーには、厳しいこと、都合の悪いことを直言してくれる人が必要です。どんなに耳が痛いことであっても、その苦言を受け入れる努力を怠らないようにしないと、リーダーは裸の王様となってしまい、自分の本当の姿が見えなくなってしまいます。

リーダーは、相手を選ばずに人の話に耳を傾けるべきです。リーダーの大事な仕事の一つとして、事情がよくわからない緊急事態でも判断をしなければならないのですから、そのときのためにも情報はたくさんあったほうがいいのです。

好き嫌いで話を聞く相手を選んではいけません。ごますりが上手な部下の話ばかりを聞いたところで、上司に都合のいい話しか聞くことはできないのですから。相性の悪い人、嫌いな人、厳しいことを言う人の意見にこそ耳を傾け、それを正面から受け止める姿勢が求められます。

自分の立ち位置を確認し、それに見合った振る舞いを演じ続けていれば、それはやがてその人の本性になります。必死に自分の理想のリーダー像を演じ続けることで、名実ともに理想のリーダーになることができるのです。

●自律的な部下をどう育てるか

――リーダーにとって、とくに近年は、自律的な部下の育成が課題となっています。

考えさせることですよ。たとえば私は、部下から相談を受けるときでも、論点が整理されていなければ突っ返します。上司にいちいち方向性を決めてもらっていたのでは、部下は自分の頭で考えず、いつまで経っても成長できません。もちろん、自分の頭で考えることは大変ですが、それを繰り返さなければ、考える力は絶対に伸びません。

上司は「なんで？　なんで？　なんで？」としつこく聞き、徹底的に部下に自分の頭で考えるくせをつけさせる。部下が上司に相談するときは、最後に上司に参考意見を聞くくらいでちょうどよいのです。

そして上司は、ゴーサインを出したら、途中で口を出さないことが肝要です。口を出すと、部下は「困ったら教えてもらえる」と指示待ちになってしまいます。

ぐっと我慢して、最後までやらせる。仕事の出来がとりあえず合格点の60点あればいいのです。そのうえで、課題を指摘し、改善策を指導する。

ですから、60点で目をつぶる能力、任せる度量も上司には必要です。部下の仕事にあれこれ口を出す上司は、せいぜい2～3人の部下しか面倒を見ることができません。つまり、そのような人は、永遠に組織の長にはなれないということです。

これからの教育

●教育の二つの目的

――「教育こそが日本再生の鍵となる」と言っておられますね。

そうです。私は教育の目的を、①自分の頭で考え、自分の言葉で自分が感じたことや自分の意見をはっきり表明できる力を育てること、②現実の社会で生きていくためのリテラシーを与えることの二つと考えています。

それぞれ説明しますと、まず①の自分の頭で考えること、これがなぜ必要なのかといえば、将来何が起こるか、誰にもわからないからです。もし、将来起こることが現在の延長線ならば、これまでどおりでいいのです。でも、そんなはずはないじゃないですか？　だとすると、何かが起こったときに人は自分の頭で考えるしかありません。

だからこそ学校では、その「自分で考える力」を育てていただきたいのです。新学習指導要領の定める「探究力」であり、問いを立てる力です。人間は、スポーツでも技術を習得するためには練習をするでしょう？　人間は不器用なのだから、練習しなければ能力を高めることはできません。それは脳も例外ではないのです。

どのようにして「自分で考える力」を育てるかというと、やはり真似がいいと思います。お手本となるような先人の優れた思考のプロセスを、読書などで学び、追体験して、他の人と議論を重ねたりしながら脳に「考える」くせをつけさせていくことで、自分独自の考える力を身につけることができます。

――おうかがいすると当たり前だと思われるのですが、なぜできていなかったのでしょうか。

そもそも日本の戦後の政策は、アメリカへの「キャッチアップ」(追いつけ追い越せ)というグランドデザインに沿って進められてきました。そのため、企業はわざわざ「自社はどうしよう」などと考える必要もなく、政府(経産省)に指導されたことをしていれば、それでよかったのです。

だから企業も、「自分で考える力」を学生に求めませんでした。その結果、戦後の学校教育は、素直で、文句を言わず、みんなで協調して我慢強く働き続ける、上司に従順な人間を養成する仕組みとして完成されました。自分の頭でイチから考える力、自由に発想する力よりも、グループ全体の平均点を上げるために、そこそこの知識を詰め込みつつ、チームの和を乱さない従順さを養うことに重きを置いてきたのです。

でもこれは、製造業の工場モデルに最適化された教育であって、これからの日本にはそぐわないものです。これからはスティーブ・ジョブズのような人材が必要で、そうでないと新しいアイデアが出てこない。

本来なら、バブル崩壊後、キャッチアップの次のモデルを見つけていかなければならなかったのですが、何十年も自分の頭で考えてこなかったので、それを見つけることができず、それが今の日本の低迷につながっているのだと思います。これから日本がどんな社会をめざすのかが全然見えてこない。

だから、これからは、自ら考え、決断できる日本人を育てていかなければならないのです。これはもちろん日本という国のためでもありますが、なによりも個人が楽しい人生を送るためのものです。今後日本がどのような状況になったとしても、自分で考え決断できるようになれば、自分の道を自分で切り開けるようになります。

そのために必要なのは、タテ（歴史）、ヨコ（世界）に加えて「数字・ファクト・ロジック」で考えることです。「数字」はデータ、「ファクト」はデータに関連する事項や過去の事実、「ロジック」はそこから実証的な理論を組み立てることです。何事においてもまずは数字にあたり、ファクトをもとにロジックを組み立てることが大切なのです。

●社会を生きていくためのリテラシー

次にリテラシーですが、これもごく当然のことです。とくに高校や大学は、社会人を育てるのですから、社会に出ても困らないようにお金、社会保障、選挙など社会人になるとすぐにも直面する世の中のことを教えないといけませんよね。

ここでも「数字・ファクト・ロジック」が必要です。フェイクニュースが蔓延する現代で、何が正しく自分がとるべき道なのかを判断するためには、「数字・ファクト・ロジック」で考えるしかありません。

そしてこれこそが、民主主義の根幹を成す考え方なのです。民主主義とは、成熟した市民の存在を前提としています。この前提が成り立っていなければ、民主政治はすぐに衆愚政治に陥ってしまいます。民主国家に住む私たちは、常に学び、自分の頭で考えていかねばならないのです。

●日本の教育予算

現状、わが国が教育に十分な予算を割いていないのは周知の事実です。教育の質を上げたいのであれば、もっと教育に予算を回して、先生方の待遇や労働環境を改善することを真剣に考えるべきです。

でもそのためには、日本人一人ひとりが、まずは「教育は日本再生の鍵を握る」「学びは自らの働く力を下支えする」「教育制度が時代に即していないなら、自分から学びの方法を変えていこう」などと問題意識を持つことが、変化の第一歩となります。

正直、文部科学省にしても、政治家や産業界との板挟みで、多くの選択肢はないのだろうと思います。だからこそ、学校現場で、子どもたちに自分の頭で考える力を育て、リテラシーを育てていただくしかありません。それが、世の中を変えていくのです。

●人生は99％失敗する

――ご著書の「失敗」論も興味深いです。

失敗は挽回できなくてもいい、という話ですね？　そもそも挽回できるのなら「失敗」とは言いません。世の中にはどんなに努力しても挽回できないことがたくさんあることを知っているほうが、人間は強くなれます。

「努力すればできる」と教えられた生徒は、受験に失敗したら地獄を見ます。でも、「人間は必ず失敗する生き物だ」というファクトを知っていると、失敗から学び、前を向いて歩いていけます。

厳しいことを言いますが、「努力すれば何でもできる」などと言っている人は、若いときに何一つ能力の限界までチャレンジをしたことがないのではないですか？　たとえば何かの運動部に入ってみれば、「努力してもできない」ことが山ほどあるというのは、すぐにわかりますよね。チャレンジすることは大事ですが、「努力すれば何でもできる」という精神論はまったく不毛です。ありのままの社会の姿を教えることが必要ですよね。

「人間チョボチョボ論」ですよ。人間はチョボチョボで変わりがないのだとすれば、違うのは本人の気持ちの持ち方一つです。前向きになれるファクトを教えてあげなければ。

●先生こそ「人・本・旅」を！

先生は子どもにとって最高のロールモデルです。だから先生方が「人・本・旅」で勉強し続けていれば、子どもたちもそれを見て勉強するようになります。

つらいこともあるでしょうけれど、少なくとも教職におられる間は、元気で明るく楽しそうな表情で、「人・本・旅」で常に学んでいる姿を子どもたちに見せていただくことが、最高の教育になると思います。

「多様性」の問題を〝自分事〟として受け止めるために

国文学研究資料館館長／東京大学名誉教授　ロバート キャンベル

日本における「多様性への対応」の必要性は多くの場面で指摘され、企業研修や学校教育でも取りあげられているところです。しかし、その「多様性」は、どこか〝他人事〟になってはいないでしょうか？　一般論としてその必要性は知っていても〝自分事〟としてとらえることができなければ、一人ひとりが本当の意味で「多様性」を学び、実践に移していくことはできません。日本社会で「多様性」はどう受け止められているのか、そして学校でどう学べばよいのか――ロバート キャンベルさんにお話をうかがいました。

日本は「多様性」ブーム？

――昨今、「多様性」が必要だと、日本のあちこちで叫ばれていますね。

そうですね。自治体や企業研修でも、今や取りあげられるテーマのトップが「多様性」＝ダイバーシティについてだと思います。

そのこと自体はもちろんよいことです。ただ私が気にしているのは、女性や性的マイノリティ、外国人をそのコミュニティや組織にどう取り入れていくかについて研修をしていても、それはあくまでそのコミュニティや組織のためだけであって、市民一人ひとりが「自分事」として受け止めてはいないのではないか、ということです。

自治体や企業として必要だから「多様性」について考えているだけで、一人ひとりの日本人にとって「多様性」が何か、それを積極的に考え、受け入れていくことがあまりないように、私は感じています。

それはすなわち、「自分がどうするか」を考えることなのです。「多様性」が必要な場面に自分を置いて、自分がどうするかを考えること。その要素が入らないと、いくら研修を積んだところで表層的になってしまいます。

数年前から各自治体で、「多様性」の旗印のもとさまざまな取り組みがなされていますが、これには「多様性」を掲げると予算がつきやすいという事情もあります。私も講演会やセミナーなどイベントへのご依頼をいただいています。つまり今、「多様性」は日本のトレンド＝流行になっているのです。

日本社会が「多様性」について考え、取り組んでいくこと自体は正しいと思いますし、私も真剣にそれに向き合おうと学び、かかわっています。でも他方で、このトレンドは数年後にはまた違うテーマに取って代わられるのではないか、という懸念もあります。

――画一的な社会に住んできた日本人にとって、「自分事」として受け止めることはなかなかむずかしい気もします。

同じ日本人でも千差万別ですし、とくに若い人たちは真っ白であり、いろんなことに対して貪欲ですよ。私は日本人が「多様性」を身につけることが苦手だとは思いません。大人のなかには、柔軟に考えることが得意でない人もいるかもしれませんが。

ロバート・キャンベル

ニューヨーク市出身。専門は江戸・明治時代の文学、とくに江戸中期から明治の漢文学、芸術、思想などに関する研究を行う。テレビでMCやニュース・コメンテーター等をつとめる一方、新聞・雑誌連載、書評、ラジオ番組出演など、さまざまなメディアで活躍中。主な編著に『東京百年物語１～３』（岩波書店）、『十九世紀の文学――百年の意味と達成を問う』（監修、ぺりかん社）など。

日本の「多様性」の現状

●コンビニ外国人

――今、コンビニや居酒屋で働く外国人が急速に増えている一方、その外国人店員に横柄な態度をとる日本人がいることも一部で話題となっています。

外国人労働者が、優秀な店員として重宝されていますね。すごく大きな変化だと思います。そして確かに外国人店員にそのような態度をとる人がいます。でもそんな人たちは、明日には優秀な外国人に取って代わられる可能性があるということを知らねばなりません。

日本は移民政策をとっていないという建前ではありますが、技能実習生として外国から若い人たちがたくさん来日しており、さらに2019年4月からは、「特定技能」という外国人労働者に対する新たな在留資格も創設されました。

コンビニや居酒屋で働く若い外国人労働者のなかには、10年後、15年後にはミドルクラスの管理職になっている人もいるかもしれませんし、起業して雇い主になっている人もいるかもしれません。

つまりその外国人たちは、日本で一緒に働いていく競争相手となり、仲間となるのです。その競争相手であり仲間となり得る人たちに対して、「日本人に代われ」「きれいな日本語で話せ」などと横柄な態度をとるような人たちは、今後の社会で半ば負け組に片足を踏み込んでいる、滑稽な姿を見せているのです。

確かに誰だって余裕がなくてキレてしまうときはありますよ。私も先日タクシーでキレそうになりました（笑）。でも、外国人だからとか、女性だからとかいう世界観のもとで反射的にそういう言葉が出てしまうようでは、今後の日本でやっていけないでしょう。

●大坂なおみ選手のアイデンティティ

――外国人といえば、2018年の全米オープンテニスで大坂なおみ選手が優勝した際、「本当に日本人と言えるのか」という声があがり、議論を呼びました。

大坂選手は見た目はどちらかといえばアフリカ系に見えますし、私がテレビで共演していたウエンツ瑛士くんも、見た目は白人に近いです。また、2015年にミス・ユニバース日本代表に選ばれた宮本エリアナさんも、お父さんはアメリカ人でやはり日本人には見えないという声がありました。

日本では、大坂選手やウエンツくん、宮本さんのように、人種や国籍が違う人同士のもとで生まれた子どものことを「ハーフ」と表現しますね。つまり、分量で考えています。

私は「ハーフ」という言葉に違和感がありますので、使いません。「ミックス」と言っています。なぜ、「ハーフ」という分量・パーセンテージで、日本人の成分のようなものを測っているのでしょうか。

以前からアメリカでは、「ワンドロップ・ルール（一滴ルール）」というものがありました。黒人の血が一滴でも入っていれば、その子は見た目が完全に白人でも黒人として扱われる、というものです。

日本ではそういうことまで言われているわけではないですが、でも大坂選手に違和感を感じる日本人がいるとすれば、彼らの言う「日本人」とはいったい何でしょうか。

大坂選手は、お母さんは日本人で、名前も日本名。そして国籍も日本を選択しました。でも日本語は流暢でないし、見た目も日本人から少し遠い。だから日本人ではないのでしょうか。日本語が話せれば日本人なのであれば、私は日本人です。

——確かに判断基準はよくわかりません……。

私がすごく素敵だなと思ったのは、当時の記者会見で大坂選手がアイデンティティについて聞かれて、「私は私」と答えられたことです。これが正解だと思います。

「アメリカ人」とは、人種ではなくて国籍です。国籍がアメリカであればアメリカ人ということです。なかには言葉がなまっている人も、アメリカで生まれ育ったわけでない人も大勢います。でも国籍がアメリカであればアメリカ人なのです。優秀な人もいれば、話して楽しい人もいます。そんな人がアメリカ人でいてくれることは、アメリカにとってとてもプラスですよね。

知り合いのイギリス人がずっとアメリカで働いていて、アメリカ社会の裏も表も知り尽くしていますが、アメリカ国籍はとっていません。一方私は、アメリカで投票はするけれど、三十数年離れて暮らしています。でも私はアメリカ国籍です。どちらがアメリカ人でしょう？　そんな答えはないのです。

だから「日本人なのか、そうでないのか」を考えるよりも、目の前にいる人が、深く日本にかかわってくれていて、そして努力していたり、何かを成し遂げたり、自分が共感できるものを持っていたりするのであれば、その人は日本人ではないけれど、生活や仕事の面では同等ということでよいのではないでしょうか。その人が日本にいることを積極的に選択し、積み重ねてきた結果として、今があるのです。「日本人」としての視野の問題です。

コンビニや居酒屋で働く外国人労働者は、日本社会のよいところも悪いところも、すごく深く知っています。日本人ではないかもしれないけれど、そういう彼ら彼女らも取り込んでいけばいいじゃないかと私は思いたいです。

●日本のLGBT

――LGBTはいかがでしょうか。芸能界で活躍している人も多いですし、日本で受け入れられているのでは。

私もマツコ・デラックスさんは大好きですよ。マツコさんをはじめ、みなさんテレビで見ない日はないくらい活躍されています。しかも、社会の偽善など人がふだん思っていても言えないことをズバズバ指摘し、日本人にカタルシスを与えるという立場にいらっしゃいます。

でもよく見てみると、性自認にはさまざまグラデーションがあるにもかかわらず、テレビで活躍されているのはMTF（Male to Female）、男性が女性に変わっていくトランスジェンダーの方、あるいは「オネエキャラ」ばかりです。ＦＴＭの「オニイキャラ」はいらっしゃいません。世の中にはたくさんいるにもかかわらず、です。

また芸能界以外を見てみますと、医者、研究者、記者、政治家、スポーツ選手、教師等々、ご自身の性的指向を公言しながら活躍しているという人は、今の日本にはほとんどいないのが現状です。

そう考えたときに、今、表層的には日本のメディアには多様な人たちが登場していて華やかでおもしろいと見えるかもしれませんが、裏を返せば、日本社会から抑圧されてきている部分――たとえばミックスやＬＧＢＴへの差別が厳然として存在し、それがメディアに反転させたかたちで抑圧のひとつの産物として溶け出している、といえるのではないでしょうか。

視聴者はテレビを見て笑い、快哉《かいさい》を叫びます。でも「では、あなたの家族にＬＧＢＴがいたらどうですか？」と問われたら、笑顔が消えてしまう人が圧倒的に多いはずです。それは、皮膚感覚として周りに見えてこないからです。テレビの向こう側にしか知らない。本当は周りにいるのに、いないと感じている。

つまり日本では、マイノリティは差別されることを避けて、いないように生活することを余儀なくされることがあります。だから、多くの日本人は皮膚感覚として「いない」と思っている。そしてテレビの向こう、遠いところで、自分たちが言えないことを言っている、と。

これは一種のシャーマニズムに感じます。シャーマンとは、社会のカーストの外にいる人たちです。古くは被差別民・賤民《せんみん》であり、中世時代、日本では彼ら彼女らは芸能者でした。カーストの外にいながら、国家権力に通じていたり、霊媒者として国家の安泰を祈祷するなどとてつもない力を持っている。今のメディアはその構図をなぞっていると私は感じます。

そう考えると、大坂なおみ選手やマツコ・デラックスさんが活躍している姿をただ見てそれでおしまい、ということではなく、彼ら彼女らの個性を受け止めて、「日本人とは何か」「多様性とは何か」を一人ひとりが考えるきっかけとしてほしいと思います。

社会の分断と教育

●日本は分断されていない

——日本に限らず世界中で、「多様性」を許容できず、自分と違う意見を一方的に攻撃する「分断」があることも気になります。

今「日本も」とおっしゃいましたが、僕は日本はまだ分断されていないと思っています。ブラジル、ハンガリー、ポーランド、ドイツ等々では、他者を排除しようとする人たちと、包摂する社会を求める人たちで分断されています。なかでもその最たる国は、かつて国際協調を牽引してきたアメリカとイギリスですね。

日本でももちろん対立の構図はありますが、アメリカやイギリスと異なるのは、中央集権的な教育をしていることです。もちろん教育環境や生育環境の格差はありますが、取りこぼしの少ない、非常に均等な公教育が行われています。これが、分断を減速させる力となっています。

また、今はインターネットで10回くらい特定の政党や候補者について検索すれば、次からは自分が求める検索結果が出てくるというアルゴリズムが働いています。

検索のみならず、年齢、行動、購入履歴、「いいね」を押したニュースの傾向などから、それぞれが求める情報にしか接することがなくなってしまう。その結果、分断が進む世界では、対立する人々同士で何が事実で何がフェイクかがまったくかみ合わなくなっているのです。それに比べると、日本はまだ、事実と主張されることについて、検証・追跡が可能な状況です。

ただ他方で、日本のとくに若い人たちは政治の話をしません。日常会話で投票の話は出てこない。アメリカやイギリス、フランスの同年齢の若者に比べて、政治への関心が断然薄いのです。これはよくないことです。

現状、日本では高齢者が望むように経済が動いています。若者が40年先の自分の姿を想像しながら、18歳、20歳の今、投票をしないと、10年後、20年後にはもう遅いということを、どのように実感させるのか。これは教育の責任です。

政治に関心がなく真っ白であるから分断は加速されないけれど、その代わり政治への関心もない。画一的であるために、多様な見方を知らず、多様な人の存在に気づきにくいところもあります。

でも、真っ白であるとは「これは正しい／間違っている」という思い込みがないということですから、市民を育てる教育ができるという優位性があるということです。これは出発点として悪くはないのです。ここから教育がどうするか、にかかっています。

学校で、「多様性」をどう教えるか

――それでは日本の学校で、「多様性」についてどう取り扱っていけばよいでしょうか。

「多様性」は、グローバルな視点から見ても、これから育っていく子どもたちに必要不可欠なテーマの一つです。

日本の教室で「多様性」を考えるには、まずは子どもたちに、自分が住んでいる世界に、実はさまざまな違いを持つ人たちがいるんだということに気づかせることです。遠いところを見る必要はありません。それよりも、自分たちの足元5メートルも離れていない場所について、「多様性」のコンセプトで改めて考えてみると、実は一人ひとりが微細ながらも異なる特質を持っていることがわかります。

LGBTの子を探しましょう、と言っているわけではありません。「自分と違う子を探しなさい」などと言われたら、探されるほうはたまったものではありません。みんなが安心して、タイミングを考えつつ、それぞれの違いを共有していくことが必要だと思います。

そのときは、冒頭でも申し上げましたが、自分を軸にして考えること、自分事として考えることが必要です。「多様性」を考えるとは、つまり「自分が何者か」を考えることなのです。中学生や高校生にもなれば、哲学的に「自分とは何か」を考えている子もいるでしょう。人と照らし合わせ、語り合うことで、自分を見つめ直すきっかけとなります。

大坂選手の「私は私」という言葉に尽きますね。私という存在から、「多様性」を考えるのです。

また学校としては、子どもたちがただ気づけばそれで終わりとするのではなく、子どもたちが持っている違和感や興味、好奇心を、「問い」として学習のなかで生かしていくことが求められると思います。

そのためには、教科横断的にカリキュラムを組む必要があります。まさしく新学習指導要領のカリキュラム・マネジメントですね。

先生方も大変だと思いますが、「多様性」はアクティブ・ラーニングを進めるには非常に適した領域です。

また、先生方が子どもたちと一緒に学んでいくことにも向いています。先生ご自身も、自分の先入観や苦手なことなどを発見し、その姿を子どもたちと共有することができれば、教育的にも効果があると思います。

多様性は大変だし、めんどくさいけど、いいこと。

ライター／英国在住保育士　ブレイディ　みかこ

「多様性が大事」と言われているなかで、日常生活や仕事のうえではまだまだ実感がわかないのが、多くの日本人の本当のところではないでしょうか。これから外国人が増えてきたら、多様性をめぐってどんな問題が起こるのか、そのとき学校現場にはどんな対応が迫られるのか――「多様性先進国」のイギリスで、底辺託児所（本人談）で保育士をしつつ「ハーフ」の子どもを育てていらっしゃるブレイディみかこさんに、多様性の現実をうかがいます。

多様性のむずかしさ

●イギリスで起きている「多様性格差」

——お子様の、イギリスの中学校での学校生活や日常の様子を描かれたご著書『ぼくはイエローでホワイトで、ちょっとブルー』(新潮社)が話題となっていますね。

アイルランド人の配偶者とのもとに男の子が生まれました。その彼が、中学校進学にあたり、いくつかの選択肢からいろいろあって元・底辺中学校を選んだんですけど、そこで初めて、自分が白人と東洋人の「ハーフ」であることとの現実に直面しまして。

ある日、彼のノートに「ぼくはイエローでホワイトで、ちょっとブルー」という落書きを見つけてドキッとしたんですが、そのまま本のタイトルに使わせてもらいました(笑)。

——なるほど(笑)。ご著書では、イギリスや日本で直面した多様性の実態について、いくつか触れられていますね。

今、日本では労働力として外国人を取り込もうとしていますが、イギリスではもう何十年も前から移民を受け入れていて、今では「多様性格差」という問題が生じています。

ロンドンのような都市部では白人のイギリス人よりも移民の方が多いので、学校も同じように移民の方が多いのです。でもたとえば私が住んでいる田舎のブライトンという町には、貧困層向け公営住宅地があったりして、多くの人はお金がないんですね。ブレグジットに賛成した「田舎の取り残された白人労働者階級」にそのまま当てはまる地域です。

そしてそういう地域では、圧倒的に白人のイギリス人が多いのです。外国人はなかなか引っ越したがらない。なぜなら学校の問題があるからです。そういう地域の学校は荒れがちで成績もよくないところが多いし、外国人の子どもは人種差別されたりしますから。

移民は豊かな国の福祉をアテにして移住してくるといわれますが、大間違い。一旗揚げようと移住してくるので、勤勉で向上心も強い。子どもにもしっかり勉強させようとしますから、スクールランキングに敏感で、下位の学校に子どもを通わせようとはしません。

息子の中学校は、90％以上が白人のイギリス人。インド人やパキスタン人もほとんどいないし、黒人ですらほぼ見ません。ましてや東洋人なんて、全校で2～3人くらい。人種の多様性がまったくないのです。逆に、すごくお金のかかる私立学校や、公立でもランキング上位のカトリック校などには外国人が多い。

これがつまり、多様性格差です。多様性があるところでは、外国人とふれあう機会があって友だ

ぶれいでぃ・みかこ

1965年福岡市生まれ。96年から英国ブライトン在住。著書に『ヨーロッパ・コーリング――地べたからのポリティカル・レポート』『女たちのテロル』（岩波書店）、『子どもたちの階級闘争――ブロークン・ブリテンの無料託児所から』（みすず書房）、『ぼくはイエローでホワイトで、ちょっとブルー』（新潮社）など。

ちになることにも慣れるけれど、白人ばかりのところではそんな機会がないから、考え方も違ってきますよね。これは、日本でもあり得るかもしれません。

ただ、日本の場合は労働者を入れようとしているから、逆になるかもしれませんね。学校も制度的に選べないから地域の学校に通うしかない。低賃金労働者として外国の方に来ていただくのであれば、家賃が安いところにしか住めないし、その地域は外国人が多くなる。地価が高い地域の学校や私立学校は日本人ばかりという、逆の多様性格差が生じる可能性があります。これもいびつですね。

●FGMの地雷

――ご著書では、FGMの問題にも触れられていました。

FGM（Female Genital Mutilation）は、女性の性器の一部を切除するという、女性の立場からは想像したくもない風習ですが、今もアフリカなどの一部地域で行われています。

そんな地域からの移民のなかには、「子どもにFGMを施すのは正しい」と思っている人もいますが、イギリスでは虐待と見なされて禁止されています。なので、夏休みなどにアフリカに連れ帰って現地で施し、またイギリスに帰ってくるというケースもあります。

イギリスでは、FGMは児童虐待であり、女性の権利に反することである、と取り締まりを強化していて、中学校でも夏休み前にFGMを授業で取り上げています。また夏休みに出身国に帰る子がいると、先生がソーシャルワーカーや場合によっては警察に伝え、介入できるようになっているのです。

これ、多様性のある社会のなかでは、文化的に非常にむずかしい問題ですよね。いろいろな宗教があるから、いろんなことを信じる自由や権利があって、ある宗教を信仰する人々の間ではそうした慣習があるのに、国が介入してよいのか。でもイギリスはイギリスの感覚で、少女たちをそんな目にあわせてはいけないから取り締まっています。ちなみに、この取り締まりを強化したのは、メイ前首相です。女性政治家として、やるべき仕事だと思っていたのでしょうね。

そんななか、息子が突然「かあちゃん、今日、女性の性器を見たよ」と言うのでびっくりしました。聞いたら中学校でFGMについて習ったと。私も保育士の資格取得時に習ったのでそういう授業があることは知っていましたが、「なんで白人だらけの中学校でそんな授業が必要なんだ」と思っていたら、黒人の女の子がアフリカから転入してきたばかりで。だからFGMの授業をしたのかは、わかりませんが。

ところが話がややこしくなったのが、その授業で観たビデオに出てきた女の人が、カラフルな民族衣装を着ていて、それが転入前にその子のお母さんが学校の様子を見に来た時と同じような格好だったそうで。それで子どもたちが「同一人物じゃないか」「たぶんあの子もFGMされるんだよ」と噂し始めた。そんな噂のせいか、その転入生は友だちができなくて、しばらくしたら不登校になってしまった。FGMの授業によってそうなってしまった可能性もありますよね。

その子が本当に危険にさらされているのであれば、授業をしたことで本人が気づけたかもしれないし、一方で親は全くそんなことを考えていないのかもしれない。本当に、そこが多様性のむずかしさで、何が正しいって言えないんですよね。

多様性のある社会を生きるのは、クラゲが浮いているところを、そのクラゲを避けて泳いでいるような感覚になるときがあります。私が制服リサイクルのボランティアで、学校のロビー近くで販売していたら、その黒人のお母さんが来ました。子だくさんで9月から入学する子の分も制服を買おうと思って、とのことでした。そこで、母親同士雑談したんです。

イギリスは天気が悪いので、夏はバケーションでビーチとかいろんなところに行くことが多いんですね。だから私も、普通のあいさつとして「夏のホリデーはどこかに行くの？」と聞きました。彼女の返事は、「アフリカには帰らないから心配するな」——そのお母さんも、娘が学校でFGMのことでいじめられていると知っていたんですね。そう言い捨てるとぷいっと行ってしまいました。私はまったくそういうつもりで言ったんじゃないのに地雷を踏んでしまって。意図せず人を傷つけてしまった。

● us と others

もう一つ、違う話を。息子の中学校の生徒会長、中国人なんです。東洋人は数人しかいない学校なので本当にレアなんですけど。それで、うちの息子は見た目が日本人っぽいので、彼も仲間意識があったのか、何かとかまってくれていたらしいんです。息子も生徒会長にかまってもらえて喜んでいました。

ある日、うちの息子が下校途中、生徒会長の彼が家業である中華料理屋の配達の手伝いの途中で一緒になって。11月のイギリスは16時を過ぎたら暗くなるので、「こんな狭い道じゃなくて大通りの明るい道で帰った方がいいよ」なんて話しかけてくれたんですね。

イギリスは、夕方や暗い日には黄色いベストを着て自転車に乗るんですが、生徒会長もそのベストを着ていました。そのとき、別の上級生たちが学校のほうから歩いてきて、「そのベスト、よくお似合い。ヴェリー・イエロー」と。黄色人種じゃないですか。彼はカチンときて、回し蹴りのフリをしたんです。フリだけど上級生は驚いて転んで、足をくじいてしまった。

そしたらその子の親が「生徒会長が暴力をふるうとは」と激怒して学校に抗議したのです。それからしばらく、うちの息子は沈んでいる様子でした。聞くと、「生徒会長は冷静な人で、普段はあんなことをしない。あのとき怒ったのは、僕も一緒に馬鹿にされたと思って、『差別されたら戦わないといけない』と僕に見せたかったからじゃないか」と。

でも息子が悩んだのは、「僕のせいだ」ということではなくて、「僕には、生徒会長が持っているあんな気持ちはないな」ってことだったんですよ。「イエロー」って言われてもピンと来なかった。息子はイエローでもありホワイトでもあって、どこにも属さないから、そのときも「生徒会長を馬鹿にしたんだな」くらいにしか思ってなくて、生徒会長が異常な反応をしたのでそこで初めて「彼は、僕も同じだと思ってたんだ」と気づいて。

帰属意識ですよね。私も、生徒会長が中国人だと聞いたときは、「やるじゃん」と胸のすく思いがしました。それはやっぱり、私もイギリスで差別をされてきたから。でも息子にはそういう帰属意識がなかったんです。us（われわれ）とothers（われわれ以外）がない。

帰属意識は、人種や民族もそうですが、家族に対しても同じです。家族という帰属意識は、人間にとって自然ですよね。家族は将来的にもなくなることはないでしょう。usとothersはなくならない。人間はどこかに帰属したいものです。でもその結果、usとothersの壁が社会のあちこちにできて、それらの壁が私たちの生きにくさにつながっている。

usとothersは、バランスの問題です。どちらかがよい・悪いではなく、多様性のなかでバランスをとって生きていくことが、これからの時代のキーワードとなる気がします。

日本の「多様性」

——日本の「多様性」は、本当にまだまだこれからですね。

100年前から移民がいたようなイギリスと比べれば、それはまだまだこれから考えないといけません。でも日本だって、韓国人や中国人はずっといましたよね。それが幸か不幸か見た目ではっきりわからないから、あまり意識されてこなかっただけで。

ただ、やはりイギリスでは20数年前から保育施設を含めて多様性について教育で取りあげることに力を入れてきていて、今があるのは確かです。

——気になるのは、最近の日本では、テレビや報道を見ても、「日本スゴい」のような内向き志向が強くなっていることです。

日本が狭く小さくなっている感じは、日本の経済状況も絶対に関係していますよね。私は「人心のデフレ」と言っていますが、デフレ経済で人の心まで縮んでいる。

日本ではとくにロスジェネ世代の貧困化など格差が進んでいますが、イギリスも同じです。イギリスでは、2010年に緊縮財政が始まりました。教育や福祉の財政支出削減を推し進めた結果、地方自治体の教育がカツカツの状態で回されるようになりました。経済が縮んで貧困化が進むと、それ以外の心を豊かにするところにお金をかけられなくなる。人の気持ちに余裕がなくなると、思いやりも生まれません。ギスギスしてきますよね。

私が日本を出た1980年代、景気がよかった頃はもっと人の心に余裕がありました。たとえば外国のものをもっとおもしろがっていた。外国で話題となった本は、すぐに日本でも翻訳が出版されていましたよね。でも今は翻訳されなかったり、出版まですごく時間がかかったりします。なぜなら売れないから。洋楽などもそうです。そういう外国の情報が入らないのに、外国から来る人のことなんて理解できないじゃないですか。だから、外国からの情報はとても大事です。

それに、たとえば日本の学校でいじめられて居場所がない子がいたとして、そういうときに音楽でも映画でも、外国の文化に接することができれば、「世界はここだけじゃない」と思えますよね。私がそうでしたから（笑）。オルタナティブというものがあるから「明日もがんばろう」と思える。今も、それで救われる子がいると思います。

自分の意見を言えるための教育

●読むことと書くことに重点

――イギリスの教育の特徴は何ですか。

イギリスの教育は、本を読むことに重点を置いていますね。4歳から、小学校入学の準備でレセプションクラスに入るのですが、入ったその日に読書ノートを渡されます。毎日、読書日記をつけなさいと。4歳はまだ読み聞かせの時期なので、親が「何の絵本を何頁から何頁まで読んで、どんな反応がありました」って書いて先生に伝えないといけないのです。先生は、1週間分まとめてチェックしてコメントを書いてくれて。それを小学校6年生までずっと続けます。

と同時に、書くことにも力を入れています。歴史の試験だと、日本ではいまだに「このときの将軍の名前は」なんて記憶したことを答えさせる問題かもしれませんが、イギリスでは「この国王の治世下で最もよいことだと言われているのは何か書きなさい」となる。そのうえで、「あなたはそれについて本当によかったと思うか、自分の意見を書きなさい」というところまで書かせるのです。

中学生になると、「エンパシーとは何か、自分の言葉で述べよ」とか、「学校で差別について教えすぎていると思うか。それともたくさん教えたほうがよいと思うか。○○教授は、イギリスの学校が差別について教えすぎていることは、逆によくない状況を招いていると主張している。あなたはこのことについて賛成か反対かを最初に述べて、その理由を書きなさい」という問題が出ていました。

そういうところから、自分の意見を言える子どもが育っていくんですよね。日本ではそんな訓練を受けていないから、いざ自分で考えないといけないときに、できないんじゃないですか。だから日本は、集団をまとめやすいんですよ。自分の意見を言う人がいないから、上の人が「こうしなさい」と言ったら「そうしないといけないんだな」と何となく動いてしまう。内心反発を覚えてもそれを言葉にできないから説得や交渉すらできない。

あと、イギリスでは日本の体育座りはＮＧ。あぐらが基本姿勢です。保育園で読み聞かせをするときも、みんなあぐらをかいています。膝を閉じて座っていると、保育士が「膝を開きなさい」って怒るんですよ。なぜかというと、足を閉じたら意見が言えないから。あぐらは、人の話を聞きながら自分の意見を言える姿勢なんですね。日本は逆に、「膝を閉じなさい」ですよね。

読み聞かせも「黙って聞きなさい」という時間じゃなくて、子どもがたちが途中で思ったことをどんどん言って、保育士も応答しながら続けていく。「黙って最後まで聞きなさい」という日本的スタイルとは違います。

●シティズンシップ教育

——ご著書ではシティズンシップ教育についても触れられていますね。

日本では公民になると思いますが、やはりまだ記憶中心の授業が多いのでしょうか。衆議院議員の人数は、とか。イギリスはここでも、「こういう説を唱えている人がいるが、あなたはそれについてどう思うか」という、考えさせる授業となっています。一方的に説明して終わりではありません。子どももそちらのほうが楽しいと思います。先生たちも、子どもたちと議論できたほうが、いつも同じ説明を繰り返すより、知的に刺激されて楽しいんじゃないでしょうか。

日本の今の状況は、それこそ根本的に変えるのに20年はかかるでしょう。そのために、一方的に「こうなっているから」と教えられてそれを記憶するだけの子どもを育てていくか、それとも「今、制度はこうなっているけどそれに異を唱える人もいる。両論あって、あなたはどう思うか」と問われて、自分で考える子どもを育てていくか。

今決まっているものがすべてじゃない、自分たちで変えられる、変えていくべきだと思える子どもを育てていかないといけません。

先生方にはまず、オルタナティブがあると思ってほしい。今自分がこなすべきカリキュラムや授業だけではない、別の道もあるんだと。これから学校にはいろんな国から来た多様な子どもたちが増えてくるのに、先生方が一つの道に執着されていては、大変な状態になってしまいます。

何より先生方ご自身に、「これもありだし、あれもあり」と多様な考え方を持っていただきたいです。これまでやってきた教育だけがすべてじゃない、それだけが正しいわけではない、と。多様性は、めんどくさいし大変です。でも、あったほうがいいです。無知を減らしますから。大人も子どもも、躓《つまず》きながら一緒に学んでいく時代なんだと思います。

2章　学校の「働き方改革」実現に向けて

青野慶久
榎本博明
神山潤
田中俊之

これからの「働き方」を考えよう

サイボウズ株式会社代表取締役社長　青野　慶久

最長6年間の育児・介護休暇制度、いつでもどこでも働ける「ウルトラワーク」、副業原則自由、育自分休暇制度、子連れ出勤制度等々、ユニークな「働き方」を次々に生み出す会社があります。グループウェアを開発するサイボウズ株式会社。「100人いたら100通りの働き方」を標榜し、注目を集めています。なぜ、多様な「働き方」を認めるのか、青野社長にうかがいました。

「多様性」の時代

――御社が社員一人ひとりを大切にされている理由を教えてください。

実は私自身、最初にこの会社を立ち上げたときは猛烈に働いていたんですよ。月曜から土曜まで朝9時～夜は1時、2時まで。日曜は死んだように眠りますが祝日は午後から出社。ITベンチャーでもあり、それが当たり前だと思っていたのですね。

しかし、私が社長になった2005年、社員の離職率が28％を越えました。

社長になっていろいろと挫折も経験したのですが、それから心機一転し、全社共通の目的を「世界で一番使われるグループウェア・メーカーになる」としました。世界中のあらゆるチームで私たちのグループウェアを使っていただき、そのすべてのチームのチームワークを高めること、チームワークあふれる社会を創ることを会社のミッションに掲げていたのです。

にもかかわらず、この離職率。4人に1人以上ですよ。毎週のように送別会があって、「次は誰が辞めるんだ」という空気です。ここで、社員が楽しく働いていないじゃないかと気づいた。重要なのは「ベンチャーらしさ」ではなく社員の幸福だと思い直したわけです。

でも、全社員一律に幸せになれる万能薬なんてありません。だから辞めた人にその理由を聞いてみました。すると、一人ひとりその理由が違うということがわかった。こうなったらもう、一人ひとりのニーズに対応した「働き方」ができる会社にするしかないと。

それから12年、いろいろな「働き方」の制度を実現していくと、社員のモチベーションが上がり、社内の雰囲気もよくなりました。こんなことができるのでは、とアイデアもわいてきて、モチベーションだけでなく、事業にもよい影響が出てきました。たとえば、副業を認めたら外でおもしろい人脈ができて、それを持ち帰ってくれたりとか。

一律の「働き方」しかできない人たちではなく、多様な人たちで働くのが当たり前になった結果、かえって余計な対立は減り、みんなで議論ができるようになって、生産性の面でもよいことが出てきました。

――「100人いれば100通りの働き方」と言われていますね。

メンバーは大きな塊《かたまり》ではないのです。「男性／女性」「日本人／外国人」「若手／ミドル／ベテラン」などと一口に言いがちですが、「男性」のなかでも一人ひとりはまったく違う個性を持つ人でしょう。

最近よく「ダイバーシティ経営」が必要だ、企業の女性管理職の割合を何％にすべきだなどと言われますが、これはメンバーを大きな塊で捉えている。「女性」という一つの塊として取り扱うことは、「多様性」ではなくむしろ「画一性」を感じさせます。

「わが社は男性ばかりです」と言っても、みんな違う人間じゃないですか。見た目も、性格も、背景も何もかも。「男性ばかりだからダイバーシティがありません」という言い方のほうが、多様性を重んじていません。

目の前にいるメンバー一人ひとりが「そもそも全く違う存在なんだ」と捉え、一人ひとりの個性を制限している障壁を取り除いていくこと。メンバーはそのままで、すでに「多様」な存在なのだから、一律の規則のもとで働かせるのではなく、メンバー一人ひとりが「自分らしく」働けるようにすることです。

これはダイバーシティというより、むしろインクルージョンに近いでしょう。一人ひとりの個性を受け入れる、ということです。会社のインクルージョン力が高まると、多様な個性を持つ人が集う会社になってきました。多様な意見が集まって、毎日あちこちで個性がぶつかり、議論が繰り広げられています。多様な個性を掛け合わせることなしには、イノベーションも生まれません。多様な個性を受け入れれば、どんどんおもしろくなってくるのです。

事業の成長や長期雇用がメンバーの幸福感に直結するものではなくなってきています。その人

あおの・よしひさ

1997年愛媛県松山市でサイボウズを設立。2005年4月代表取締役社長に就任。現在はチームワーク総研所長も兼任。3児の父として3度の育児休暇を取得。総務省、厚労省、経産省、内閣府、内閣官房の働き方変革プロジェクトの外部アドバイザー等を務める。主な著書に『チームのことだけ、考えた。』(ダイヤモンド社)、『会社というモンスターが、僕たちを不幸にしているのかもしれない。』(PHP研究所)。

が「自分らしくある」ことが、幸福につながっているのです。それが「多様性」が大事だということの意味です。

「多様性」と組織の方向性

――メンバーの「個性」を認める＝「多様」であると、組織の方向性を決めるのもむずかしくなりませんか。

なぜ、いろいろな考えのメンバーがそこに集まっているのかというと、組織の共通目的があるからです。サイボウズの場合は「チームワークあふれる社会を創る」ために「世界で一番使われるグループウェア・メーカーになる」。これに向かっているから、多様なメンバーが一体感を持っているのです。会社のすべての意思決定はこれに沿うことになります。鉛筆一本買うか買わないかの判断も、悩んだらこの共通目的に照らし合わせて考える。

そもそも人間は、理想＝自分が望んでいる未来に向かって行動するものです。実現したくないと思っている理想に向かっては行動しません。なぜ、社員が会社に対して不満を口にするのかというと、自分の理想とズレているからです。

多様な人材をチームで受け入れることと、チーム全体で共通の目的を持つことは、矛盾しません。共通の目的があるからこそ、多様な人たちを受け入れ、一つの方向に束ねていくことができるのです。

――その共通の目的はどのようにつくられたのですか。

もちろん私一人で考えたのではありません。そもそも社長就任当初、全社共通の目標として「3年で売上げを倍増する」と定めていたのですが、役員ですら覚えていませんでした（笑）。共通の目的は、メンバーによって覚えられ、共感され、めざそうというモチベーションを引き出すものでないと、意味がないのです。

私はまず自分の過去を振り返り、社会の役に立つソフトウェアをつくりたい、「最高に楽しく働けるぜ」と言ってもらいたいという理想に気づきました。メンバーも、グループウェアというソフトウェアが多くの人の役に立てると信じて仕事をしている。

そこで、執行役員と合宿を行って、共通の目的を「世界で一番使われるグループウェア・メーカーになる」と定めることができたのです。また、サイボウズのグループウェアは単なるスケジュール共有ソフトではなく、「チーム内でありとあらゆる情報を共有し、チームワークを高めるソフトウェア」と再定義しました。全社スローガンは「チームあるところにサイボウズあり」です。チームワークあふれる社会を創りたいと考えています。

個人に求める「イズム」

――共通の目的に向かっていれば、メンバーはあとは自由なのでしょうか。

「働き方」の制度は各自のニーズに応じて設けていきますが、もちろん秩序も必要です。その前提となるのは「信頼」。メンバーを信じているから、場所も時間も違うところで働いていても、チームとして成立するのです。

そのため、サイボウズではまずメンバーに「公明正大」であることを求めます。嘘をつかれると、信じられなくなってしまいますから。

もう一つは「自立」です。多様な個性を重んじていくと、「働き方」を含めて制限がどんどんなくなり、選択肢が増えてくる。選択肢がたくさんあるということは、自分で選ばなければならないということです。会社や誰かが選んでくれるわけではありません。

多くの日本企業では「9時始業」と決められていればみんなきっちり出社し、「さすが日本人」などと言われていますが、「何時に出社してもいいですが、その責任は自分でとってください」と言われたらどうでしょうか？

サイボウズではまさにそれを求めています。「働き方」も、自分で考えて選択して会社に伝えなければならない。その責任も自分でとらねばならない。そういうマインドをもっていないと、多様な個性を認める社会では迷ってしまい、幸福になれません。

——まさに「主体性」が求められるわけですね。一律にルールを決められるよりも、ある意味厳しいです。

そう、「多様性」は個人に厳しいのです。個性が尊重されるからと言って、自分の望むことがすべて通るわけではもちろんありません。そこでも「人のせいにしない」ことが求められます。

多様性のある組織は、甘い環境ではありません。

――ご著書では、「制度」とともに「風土」もつくらねば機能しないと書かれています。

「風土」をもう少し具体的にいうと、価値の優先度ということです。「公明正大」、たとえば「遅刻を正直に報告するのはいいけど、嘘はダメ」という価値の優先度をはっきりさせておかねばなりません。

なぜ「風土」が必要かというと、「制度」があっても誰も使わなければ意味がないし、目的外の使われ方、たとえば一部の人だけが得をするような抜け穴をつかれては、むしろ組織にとってよくないものになってしまう。

よく、「制度」が想定どおり機能しなかったり、形骸化していたりする、または抜け穴をつく人がいるからと、細かな規則をさらにつくって現場をがんじがらめにしてしまう、という状況がありますす。これでは誰も幸せにはなりません。

「制度」は目的のための手段にすぎないのだから、目的に沿って使われないのなら制度は必要ないのです。「制度」の目的をメンバーが理解し、共感しあっている「風土」があることで、理想に沿わない行動は防げます。

――「理念は石碑に刻むな」ともいわれていますね。

共通の目的を決めたら、文書にして掲示したり、仰々しく石碑に刻んで設置したりすることがあります。でも、人間は誰だっていつかは考え・気持ちが変わっていきます。それこそメンバーが入れ替わったら全く変わる。それなのに石碑に刻んであるとそれに縛られてしまう。本当は違うことがやりたいと思っているかもしれないのに。これだと幸福感がだんだん下がっていきます。

今「よかれ」と思ってつくった制度も風土も、時代に合わなくなる日が必ずやってくる。変えなければ負の遺産になります。「今、うちはいい会社（学校）ですよ」という言葉には、危機感を持たなければなりません。

大事なのは、今いる人たちが何を思い、求めているかであり、それをウォッチし続けることです。そうすると、当然それに応じて理念も変わってくるはずですから。「変え続ける文化」をつくること——これもある意味、「石碑どおりにやること」よりもずっと厳しいことを求めていることになります。

「モチベーション」と「チーム」

——「モチベーション」と「チーム」を大事にしておられるということですが、モチベーションはどうすれば高められるのでしょうか。

モチベーションは、三つの条件「やりたいこと」「やれること」「やるべきこと」が揃ったときに高まります。下がっているときは、どれかが欠けているということです。

この法則をつかんでおくと、モチベーションが低いと思ったときに原因を探ることができます。自分が「やりたい」と思っていても、周りから期待されていると感じなければモチベーションは高まらないので、周りに話してその必要性を訴えることができます。

また、周りからすごく期待されているけれど自分では「できる」と思えないならば、周りの人に協力を呼びかけることもできますし、スキルを上げるために学びに行くこともできます。そうすることで、モチベーションを上げることができます。

――「チーム」とはどのようなものとお考えでしょうか。

ただ人が集まっただけでは「チーム」とはいえません。チームが成立するためには、「共通のビジョン」「チームの構成員」「役割分担」「仕事の連携」の四つの要素が必要と考えます。

さらに「チームワーク」とは、チームという組織に所属するメンバーが、役割分担をしながら仕事を行うことです。それぞれのメンバーが、かぶらないように役割を分担することで効率を上げます。仕事の情報を共有しながらコミュニケーションすると、チームワークが生まれます。

石垣をイメージしてください。石はそれぞれ形が違う。これをうまく組み合わせると、頑丈で高い石垣ができますね。形が違うからこそ、より頑丈により高くできる。

ですが、みんなを同じ形のブロックのように扱ってブロック塀をつくろうとすると、どうでしょうか。それぞれ形が違うのに同じように積み上げようとしても、すき間だらけの不安定な弱い壁にしかなりません。

この不安定なブロック塀が、これまで一律公平を重んじ成功してきた日本社会です。日本社会が一歩先に進むためには、石垣を積み上げるように、個性を尊重したマネジメントにシフトしていかなければなりません。

これが、私がイメージしている「チームワークあふれる社会」です。一人ひとりが自分らしく幸せであると同時に、社会全体が強く、生産性が高い。両立できるのです。

――チームワークのそんな解説は初めてです。

学校で言われるのは「みんな仲良くしなさい」ですからね。共通のビジョンもなく、役割分担もせずに、実はそちらの方が相当むずかしいことを言われていると思います。

これからの社会と教育

――学校では「個性重視」といっても、まだまだ画一的な教育活動も多いと思います。

本当ですね。小学3年生のわが子の学校に行って、自分が子どもの頃の学校と何一つ変わっていないことに驚きました……。

一人ひとり子どもは違うのに、授業内容も、進級・進学も、あらゆることを画一的に学校に合わせることを求めています。授業なら、全員にタブレットを配って習熟度に応じた勉強をしたほうが個に応じた教育ができるし、制度でいうなら、そもそも子どもの成長に合わせて入学してもいいじゃありませんか。

かつて画一的な教育が機能していたのは、「量」の時代だったからです。嫌なことでも我慢して長時間働いていれば、結果を出せた。

でも、これからは「質」の時代です。がんばれば何とかなるという時代は終わりました。我慢してがんばらなくても、ＡＩやロボットがやるのですから、我慢を学校で覚えさせる必要はありません。むしろ我慢することに慣れてしまうと、自分が本当にやりたいことが見えなくなってしまいます。

「質」の勝負に必要なのはアイデアであり、それは多様な個性からしか生まれません。個人で、好きなことはどんどんやればいいし、嫌いなこと、苦手なことはそれが好きな、得意な人に任せればいい。これからの時代は、「好きなことを思いっきりやる人」が必要なのです。自分の欲求にしたがって、やりたいことに邁進できる人。好きなことを思いっきりやって自分らしく生きることが、幸福につながるのです。

そしてこれからの時代は、自分で選択して自分でその責任をとることが求められるのですから、学校でもすべてを大人、教職員が用意するのではなく、子どもに自分で選択させる機会を設けていただきたいのです。

未来予測は困難ですが、どんな状況でも楽しく働き続ける人はいますね。「やりたい」ことを探し、「やれる」ことを広げ、「やるべき」仕事に重ねていける、自分でモチベーションを高めることができる人たちです。そんな人たちが、これからの社会に適合した新しい「働き手」になると思います。

――これからの学校管理職には、どんなことが期待されるでしょうか。

学校の管理職は、ある意味、大きな権限を与えられていると思っています。たとえば、千代田区立麹町中学校の工藤勇一先生は、普通の公立学校の校長先生ですが、クラスの固定担任をなくす、宿題もなくすなど、相当チャレンジングなことができているということにおどろきます。一般の企業の仕組みの中では、なかなかそこまでできません。そういう意味で、学校では管理職が相当なチャレンジができるので、ぜひトライしてほしいなと思っています。

キーワードは「一律から個性」。そしてもっと大事なのは、個性を組み合わせてチームをつくることです。工藤先生が固定担任をなくしたのは、まさにその形だと思います。保護者対応が得意な先生もいれば、子どもたちに目を配るのが得意な先生もいる。組み合わせてチームにしてチーム担任制にすれば、一人の能力に依存しなくても済む。先生方の得意・不得意をうまく組み合わせて、石垣体制をつくってほしいですね。

——学校は、保護者の意向も無視できないのがつらいところです。

保護者が変化を嫌っているということもあるかもしれませんね。自分が受けた教育と同じ形に理想を求めている。我が子を少しでも偏差値の高い大学に行かせて、名前が知られた企業に就職してほしい、という価値観から、なかなか抜けられないのかもしれません。

私たちは、多様な個性を重んじて、社員が活き活きと楽しく、効率よく働ける会社を続けていきますよ。保護者が、「子どもがあんな会社で働ければいいいな」と思えるような。そうすれば、保護者もマインドが変わっていくでしょう。そのために、私たちもアプローチを続けていきます。

なぜ、日本人は定時に帰りづらいのか？

――心理学から考える「働き方改革」

MP人間科学研究所代表
榎本　博明

2019年1月の中教審「働き方改革」答申のなかでは、学校の「ブラック」批判に応えるかたちで、教師という仕事の「やりがい」も明記すべきだという意見がありました。ところが、心理学がご専門の榎本博明先生は、「やりがい」を強調しすぎると、かえって「働き方」がおかしくなると主張されています。その裏には、日本に根深い「間柄の文化」の問題が――くわしくお話をうかがいました。

「働き方改革」とやりがい搾取

●仕事の「やりがい」の落とし穴
――仕事の「やりがい」を強調しすぎることが、長時間労働に結びつくと指摘されています。

日本には、「お金のため」という考え方に抵抗を感じる人が多いです。「お金のために働く」と言うことをいやらしく感じたり、仕事の依頼や打診に対して最初から「お金はいくらいただけるのですか？」とは聞きにくいという風潮もあります。他国でしたら、お金の確認・交渉は当たり前です。仕事は「お金のため」にするのが当然なのですから。

そこで日本で強調されるのが、「やりがい」です。「何かのためになること」「自分が役立てること」が示されると、日本人は納得して仕事に打ち込むことができる。

学校でも、子どもたちに「お金を稼ぐこと」を正面から教える機会はあまりありません。代わりに教えられるのは、使命感を持つことの大事さであり、自分が成長することの尊さです。そのため今の若い人たちは、強い「成長志向」を持っています。

ではその「成長志向」が何に結びついているのかというと、若者の離職・転職の多さです。「今の仕事では成長できない」と感じると、すぐに辞めてしまう。あるいは「自分が成長できる仕事は何か」にこだわるあまり、職に就くこと自体のハードルが上がってしまいます。仕事が「お金のため」と割り切れれば、就職活動もだいぶ楽になるのですが。

もちろん、仕事に「やりがい」を求めることがよくない、というわけではありません。ただ、強調されすぎると、雇用側がつけ込んで、時として長時間労働や低賃金を甘んじて受け入れることにつながってしまうのです。

心理学で「内発的動機づけ」という言葉があります。自分の内面から沸き起こった意欲による動機づけのことで、自分の内面から沸き起こっているから、その環境のおかしさに気づけない。「苦しい。もうダメだ」と思っても、「今苦しいのは、自分の限界まで挑戦しているからだ。乗り越えれば成長できる！」と言われると、逃げることを考えられなくなってしまうのです。結果、取り返しがつかないところまで行き着いてしまう。

——政府も「一億総活躍社会の実現」や「すべての女性が輝く社会づくり」などと掲げていますが、この「活躍」や「輝く」という言葉には、どんなイメージがあるでしょうか？

えのもと・ひろあき

心理学博士。東京大学教育心理学科卒。東芝市場調査課勤務の後、東京都立大学大学院心理学専攻博士課程中退。カリフォルニア大学客員教授、大阪大学大学院助教授等を経て現在、MP人間科学研究所代表。心理学をベースにした企業研修や教育講演を行う。『「やりたい仕事」病』（日本経済新聞出版社）、『「おもてなし」という残酷社会』『自己実現という罠』（平凡社）、『〈自分らしさ〉って何だろう』（筑摩書房）など著書多数。

ほとんどの日本人は、自分は普通に働いているだけであり、「活躍している」「輝いている」などと感じていませんよね。それなのに「活躍しなければならない」「輝かなければならない」と言われると、自分の仕事に疑問を抱いてしまう。「活躍できる仕事は」「輝ける仕事は」と考えると、お金は動機になりませんから、結果、「やりがい」を求めることになってしまうのです。

――なぜ、日本人はお金にこだわらないように見せるのでしょうか。

日本人は昔からお金よりも名誉を重んじてきました。それに加えて、「人の目を気にする」ところがあります。「みっともないことをしてはいけない」と自己規制しているのですね。これは「間柄の文化」の特徴でもあります。

●「間柄の文化」と「自己中心の文化」

――「間柄の文化」とはどのようなものですか。

欧米文化は、自己拡張的です。自分がどれだけ大きくなれるか、強くなれるか、儲かるか。自分のために生きています。これを私は「自己中心の文化」と呼んでいます。

日米比較研究のさまざまな成果をみても、アメリカの子どもは勉強の動機として「自分のため」が圧倒的に多いですが、日本の子どもは「親や先生を喜ばせるため」という動機が強い。日本人は、小さいときから「人のため」ということを意識しています。「人間」と言うとおり、人と人の間を生きる――これを私は「間柄の文化」と呼んでいます。

「自己中心の文化」では、自分が思ったことを言えばいいし、したいことをすればいい、人の影響を受けるのは自分が未熟だから、という考え方です。一方で「間柄の文化」は反対に、常に人に配慮しなければなりません。相手の立場や気持ちに配慮できないことが未熟とされます。

この「間柄の文化」は、日本の長時間労働にも影響を及ぼしています。学校で目の前の子どもが何か課題を抱えているとき、「勤務時間が過ぎました。私の給料はこの時間までなので帰ります」とは、日本の教師にはなかなか言えませんね。相手や場に配慮することが優先され、自分の役割を限定できないのです。

欧米では、教師も勤務時間がきっちり決まっていて、それ以外の時間に子どもの相手はしません。長時間労働になり得ないのです。

教師は「感情労働」

●本当の感情を抑えて仕事をする

「感情労働」という言葉があります。自分の職務にふさわしい感情を演じること、あるいはその感情を本当に持っていると思い込むことを求められます。先生方は、多かれ少なかれ、心の中では違う思いがあっても、「ここで怒ってはいけない」「教師として理解ある態度を示さなければならない」と考え、振る舞われているでしょう。

ですが、感情面で無理をしすぎることには弊害があります。感情は人間の心の奥深くに浸透するものですから、やがて疲弊し、バーンアウト（燃え尽き症候群）に至ってしまうのです。欧米でもバーンアウトは問題になっていますが、とくに「間柄の文化」を生きる日本人にとって、その危険性は大きいのです。

とくに先生方にとって「子どものため」は殺し文句です。「教育は、子どもの成長にかかわる『やりがい』のある仕事だ」「どんなにつらくても、子どもの笑顔を見れば癒やされる」などは、日ごろ学校でよく聞かれる言葉ではありませんか？

これらが全くよくない、と言っているわけではありませんが、かつてよりも先生方は時間の余裕がなくなっていて、さらに昨今の過剰な「お客様扱い」に慣れた保護者が無理難題を押しつけてくる状況のなか、「やりがい」が強調されすぎると、バーンアウトにつながってしまうという危険性があるのです。

ほかにも先生方は、子どもを叱ると後で責められる、子どもの暴力にも抵抗できないなどということも聞きます。「自己中心の文化」なら、自分の身を守るために、相手が子どもであろうと自分の権利を主張できますが、「間柄の文化」では相手の子どものことをどうしても考えてしまう。教師としての「やりがい」も強調されるなか、「この子にも事情があるのだから、立ち直らせるのが自分の使命だ」と考えてしまう。やがて感情労働の渦に飲み込まれ、身を守れなくなってしまうのです。

●「働き方改革」と「やりがい」

――教師の「やりがい」は、「働き方改革」の議論でも聞かれます。

日本人は、自分を犠牲にしてでも相手のために尽くすべきだという使命感を重んじ、私利私欲は忌避する傾向にありました。そこへ欧米流が取り入れられてきた結果、自己主張をする保護者や生徒が増えてきた。お互いが自己主張する文化ならバランスがとれるのですが、相手は自己主張してきているのに先生方は使命感を持って「相手のために」としているから、バランスが崩れて問題が生じているのです。

私利私欲についての価値観は、残業代の捉え方にも関わっています。学校の「働き方改革」でも残業代が話題になっていましたが、使命感を持って働いている先生方は、「残業代のために働いているのではない」とお考えではないでしょうか。

勤務時間外に、子どものために何かすることに対して、「残業代をください」と言いづらい先生が多いと思います。率直にそう言う人は、「それでも教師か」と批判されてしまう。それを考えると、仮に今後残業代を支給するという改革がなされたとしても、運用方法をしっかり検討しなければなりません。

また、今、日本全体の働き方改革では、時間の制限を外そうという動きもありますが、そもそも、なかなか自己申告できない「間柄の文化」では、タイムカード等で客観的に時間を管理することで、先生方の身を守らねばなりません。

そして残業代は外からの動機づけですから、「やらされ感」にもつながります。それはそれで疲労感が積もり、「やりがい」も持てなくなります。「内発的動機づけ」を損なわない「働き方改革」としては、時間的なゆとりがぜひとも必要です。

国際化と「間柄の文化」

●日本が外国に合わせるべきか?

――「間柄の文化」の課題をお話しいただきましたが、今後日本では外国人の増加が見込まれています。日本人は「間柄の文化」を変えていかねばならないのでしょうか。

世界中の国々が、今、移民の問題で苦しんでいます。ただ、日本で困難なのは、「間柄の文化」は相手を尊重するので、異文化のほうに合わせてしまうということです。よく「日本人には欧米流のコミュニケーションが欠けているから、教育せねば!」と言われるのが象徴的です。

しかし、発想を変えてみると、欧米で外国人が自国に来たときに、外国人のために自国の文化を壊そうとするでしょうか? あり得ません。自国の文化に入ってきた外国人が合わせていく、「この国で働きたい、学びたいのなら、この国の文化を吸収してください」という意識です。それなのに日本は、相手に合わせてしまうので、結果としてどっちつかずとなり混乱を招いてしまっているのです。

いくら欧米流を取り入れても、日本はアメリカにはなれません。中途半端なちっぽけな国になってしまうだけです。そんな国にどんな魅力があるでしょうか?

世界で必要とされているのは多様性です。それなら日本も、日本の文化を多様性の一つとして維持していく必要があるのです。日本は外国に比べ、遅れているわけではありません。ただ文化が違うだけなのです。

外国人が日本に来て一緒に働いていくときに、日本が「自己中心の文化」になる必要はなく、「間柄の文化」でお互いに思いやりを持って配慮し合っていく「よさ」を維持していくべきです。もちろん、はじめは外国人にはむずかしいでしょうから、説明し、ご理解いただいて、できるだけ日本社会に溶け込んでもらうようにしていかねばなりません。

●日本流の二面性

――他方で、「間柄の文化」にも二面性があるとおっしゃっていますね。

そうです。「間柄の文化」のよい面は、協調的で優しく思いやりがあるところですが、悪い面として、忖度につながることがあります。また属人的で、「何を言ったか」ではなく「誰が言ったか」が問題になります。気まずくならないようにすることを第一に考えるので、腹を割った議論も成立しづらい。「同調圧力」や「お上意識」もよく指摘されますね。

それらはもちろん、日本人として意識し、どうしていくかを考えなければなりません。私たちは、自分の主張を、相手が傷つかないようにしながらも、よりはっきりと伝えることをもっと学んでいかねばなりません。

ただ、いきなり「自己主張の文化」のコミュニケーションにがらっと変えようとすれば混乱するだけですから、それぞれの文化がうまく溶け込むような自己主張の仕方を模索しなければならないのです。

●「主体的な学び」は自己主張すること？

——教育界でも、自分の意見をはっきり言える、対話できることをめざして「主体的・対話的で深い学び」が進められようとしています。

気をつけたいのは、欧米流のコミュニケーションである自分の意見をはっきり言うことが、日本人にとって必要な「主体的」ではないということです。欧米では自己主張が強すぎてお互いに譲りません。だから最後は裁判で決着をつけますね。自己主張が強い国は平和ですか？　分断ばかりとなっていませんか？　自己主張をすることで世界は平和になっていません。

また「対話」といっても、欧米では自分の意見を譲りません。日本の「対話」は、自分の意見を出し、相手の意見も尊重しながら落としどころを探る、みんなの意見が調和するように配慮することです。

欧米と日本では、コミュニケーションの機能が違います。欧米では相手を説得するための手段であり、日本はよい関係を築くための手段です。それぞれの文化に合った学び方というものがあり、そこをふまえて検討していく必要があります。

●登場人物の心情を学ぶ教育は必要

——他方で国語や道徳では、登場人物の心情を理解しようという教育が続いています。

日本の強みはまさにそこです。日本人は言葉の背後を読み取る力に長けていて、それはＡＩにはできないことです。道徳教育のあり方には注意が必要ですが、国語などで心情理解を促す教育は今後も重要になります。

各国が自己主張ばかりし紛争や分断が絶えない世界で、「間柄の文化」のコミュニケーションを広めていくことができれば、お互いのことを理解し、協調的な世界をつくっていけるのではないでしょうか。

「夢」を追わせる「キャリア教育」の弊害

●キャリアデザインは無理？

――キャリア教育の現状についても批判されていますね。

はい、まずキャリアデザインについてですが、かつてのように変化のゆるやかな時代ならばデザインどおりの人生もあり得ますが、世の中の仕事が大きく変わる、何が起きるかわからない時代には、そうはいきません。必ずギャップが生じます。すると、まじめにキャリアデザインを考える人ほど「デザインどおりの人生になっていない」と焦ってしまう。

さらに、職に就いてからもキャリアデザインに固執するあまり、「この仕事には何の意味があるのですか」「これは自分の将来にどう役立つのですか」と、目の前の仕事に疑問を抱く若者がいます。将来何が何の役に立つのかは、誰にもわかりません。義務教育も同じですね。何に役立つかがわかる実学だけでは十分な能力開発はできません。

私は、目の前のやるべきことに没頭する力がなにより大事だと思っています。没頭しているときに自分の能力が総動員され、そこから新たに潜在的な能力が開発されます。能力開発のためには、目の前のことに没頭するしかないのです。それが成長するということです。つまり、「これが何の役に立つのか」と疑問に思うことは、成長を損なっているということになるのです。

「自分の将来に役立たない」と転職を繰り返す若者は、どの職に就いても「これは違う」と思ってしまう。さらに、「キャリア教育」で「やりたいことを見つけよう」と強調するあまり、やりたいことが見つからずに悩む子どももいます。やりたいことが見つからないから就職できないという学生もいます。就職しても「自分がやりたいことではない」と離職してしまう。今の若者の職にまつわる問題は、「キャリア教育」の弊害なのです。

たまたま「やりたいこと」だけして成功した人が、世間で耳目を集めます。たまたま「夢」を叶えた人が学校で講演し、「夢に向かってがんばろう」と呼びかけます。「やりたいこと」だけをして生活している人が、世の中にどれくらいいるでしょうか？　「夢」に向かって努力し、叶えられた人がどれくらいいるでしょうか？　勝者がいれば敗者もいる、夢を叶えた人もいれば叶わなかった人もいる。それが現実です。

学校では、その現実をこそ子どもたちに伝えていただきたいのです。もともと「働く」というのは、生きていくための糧を得ることが第一の目的なのですから。「働けない」若者を育てる「キャリア教育」は、変えていかなければなりません。

先生、お願いですから寝てください。

東京ベイ・浦安市川医療センターCEO　神山　潤

世界有数の睡眠不足大国・日本。眠い目をこすって勉学に励み、仕事にいそしむことが美徳とされています。曰く「眠気は気合いと根性で乗り切れ！　それでも眠ければカフェイン飲料がある！」。この「睡眠軽視社会」を大いに問題視されているのが、神山潤先生です。「眠い」という身体の当然の生理を無視し続ける先にあるものは――。とくに子どもを指導する立場にある学校現場への切実なメッセージです。

子どもの前に、教員の話を！

●大人が自分の睡眠時間を省みるのが先

――まず子どもの「睡眠不足」の現状についてうかがいたいのですが……。

順番が違います！　何よりもまず、学校の管理職と先生方の「睡眠不足」に目を向けなければなりません。

先生方はとにかく「子どもが、子どもが」と子どものことばかり気にかけておられますけど、それよりも先に、ご自身のことに真剣に向き合うべきです。先生方がご自身の身体を守ることができて、初めて子どもたちを守ることができるのですから。自分の身を犠牲にしてまで子どもたちを守ろうというのは、はっきり言ってあり得ません。

●睡眠軽視社会・日本

日本は、大人も子どもも世界で1番の短眠国家になりました。各種調査からは、日本人は残業が多く、就寝時刻が遅く、幸福度も低い。自分のことを不健康と感じています。

ヒトは基本的に昼行性の動物なのですが、現代の日本は社会の24時間化を何の疑問もなく受け入れています。これは人類史上、未曾有の時代です。

そもそも日本には、寝る間を惜しんで仕事や勉強をすることを礼賛する文化があります。眠らずに、長時間かけてコツコツまじめにがんばることが美徳である、と。そして、そのことについてみんな何の疑問も持っていませんでした。電通の事件があってやっと「働き方改革」が喧伝されてきているところですが、大人は積極的に自分たちの働き方を見直そうとしているようには見えません。

ましてや子どもたちが塾に通い、睡眠時間を削って夜遅くまで勉強をしていることを疑問視する大人はいますか？　先生ですら、その状況を当然と受け止めているのではないでしょうか？

私は、そもそも「眠らずにコツコツまじめにがんばる」という日本の「美徳」とされているものの根っこには、学校現場にはびこる「努力信仰」があるのではと考えます。

学校の先生という方たちは、ご自身がコツコツまじめにがんばって、努力を積み重ねてこられ、その努力がある程度実って今の地位にいらっしゃる方が多いのでしょう。だから、ご自身たちも多くの仕事を抱え込み、夜遅くまで仕事をしないといけない現状についても、「コツコツま

こうやま・じゅん

2000年東京医科歯科大学大学院助教授、2004年東京北社会保険病院副院長、2008年同院長、2009年4月より現職。公益社団法人地域医療振興協会理事、日本子ども健康科学会理事、日本小児神経学会評議員、日本睡眠学会理事。主な著書に『睡眠の生理と臨床』（診断と治療社）、『眠りを奪われた子どもたち』（岩波書店）、『子どもの睡眠』（芽ばえ社）、『夜ふかしの脳科学』（中央公論新社）、『朝起きられない人のねむり学』（新曜社）、など多数。

じめにしよう」と受け止めておられる。

その先生方の姿勢は子どもたちに必ず伝わります。その結果どうなるか。子どもたちは、がんばらされすぎているのではないでしょうか。「君たちには無限の可能性がある」「コツコツまじめに諦めずに努力すれば、いつか夢は叶う」と。

しかし、誰もがオリンピックに出られるわけではありません。誰もが希望の職に就けるわけではありません。みんな平等に能力が備わっているわけではない。できることとできないことがあって、ほとんどの人間が、人生において挫折を味わうのです。

しかし学校は、その必然の挫折を、まるでそんなものは存在しないかのように振る舞っています。みんな平等に努力すれば、必ず成果が出ると言って。だから子どもたちは手を抜けないのです。睡眠時間を削ってがんばるしかありません。

睡眠不足の危険性

●子どもの睡眠不足の実態

――学校が「努力信仰」の再生産の場になっているのですね。

そうです。そもそも睡眠時間が少なく、夜の就床時刻が遅いほど、学業成績が悪いという調査結果があります。眠らなければ、塾通いをしても成績は上がりません。

また、塾以外に、スポーツ少年団や部活動も私は問題だと思っています。なかには夜遅くまで練習をしたり、休みの日に朝早くから遠征に出かけたりするなどの活動を強いるところもあります。これでは子どもたちが寝不足になって当たり前です。

メディア環境の影響ももちろん大きいです。スマホ、タブレット、ゲーム機器。夜遅くまで子どもを惹きつけています。

最近、小学3～6年生に向けた講演会で私が発した「自分のこと、寝不足と思っている人は手を挙げて」にはどのような反応があったと思いますか？　半分以上の児童が「ハーイ」と喜んで手を挙げたのです。「寝不足でがんばっている」と訴えるとほめる大人が多いのでしょう。正直私もびっくりして一瞬たじろぎましたが、踏ん張って子どもたちに伝えました。「今手を挙げた君たち。自分で『自分の脳は働いていません、自分は馬鹿だ』、とみんなに宣言したようなものなんですよ」と。皆、きょとんとしていました。

●睡眠不足では成果は得られない

ヒトは、17時間起き続けていると、前頭前野の働きが低下し、脳は酔っ払い運転と同じ状態になります。朝6時に起きると、23時には脳の働きが酔っ払い運転で捕まるレベルにまで低下するのです。ひらめきが悪くなり、記憶の固定にも悪影響が出ます。

そんな状態で仕事や勉強をしても、何の意味もないのはおわかりでしょう。寝る間を惜しんで仕事や勉強をしても、成果を期待することはできないのです。

でも、夜遅くまで起きていると、前頭前野の働きが低下し、理性的な判断ができなくなる。そうなると、やめたほうがいいのにその判断ができず、「もっとやらなきゃ」となってしまう。

そんな状況での仕事は、失敗だらけでしょう。翌日には眠たい頭でそのフォローをする時間がとられます。そしてまた夜遅くまで……悪循環です。「自分は大丈夫だ」と思う人もいるかもしれませんが、そもそもそのように考えること自体が、前頭前野機能低下の現れです。

●生活リズムを守る

——そもそもなぜヒトは、眠るのでしょうか。

諸説ありますが、一つは、眠りは、活動した脳細胞を休めるために存在している可能性が指摘されています。

また、眠りは生活リズムに深くかかわっています。生活リズムとは、起きて食べて排泄して、勉強や仕事や運動をして、遊んで泣いて笑って寝るといった、生活にあるさまざまな出来事が周期的に繰り返されることです。この生活における周期性を大事にすることは、ヒトが快適に生きていくために重要です。要は昼は昼らしく、夜は夜らしいメリハリのある生活を送ることが大切です。

そのために必要なのが、脳にある生体時計と地球時刻を合わせることです。生体時計からの情報が全身の細胞に伝わって、生活リズムを刻むのに重要な役割を果たしているのですが、実は生体時計と地球時刻は1日の長さが微妙に違うのです。しかもズレやすい。このズレが大きくなると、体調が悪くなります。

このズレは、朝の光を浴びることで毎朝リセットされます。生体時計の周期が短くなり、地球時刻に合うのです。だから、朝も早く起きることが重要なのです。そのためには夜更かしせずに、夜に光を浴びずに眠る必要がある。それなのに、24時間化が何の疑問もなく受け入れられている日本では、無防備な子どもたちが24時間社会にさらされています。夜更かしをして、夜に光を浴び、生体時計と地球時刻が合いにくい状況になっているのです。

夜の光は、生体時計がまだ昼間だと勘違いするため、生体時計の周期を長くさせます。そのうえ昼行性の動物であるヒトは、昼には夜ほど睡眠できません。

かつて子どもは、夜になったら自然に寝るものと思われていましたが、それは昼にたくさん活動し、夜は疲れ果てていたためです。「子どもだから夜になったら寝る」のではなく、「疲れたら誰でも（大人でも）夜になったら眠る」のです。しかし今では、子どもたちは昔ほど身体を動かす場も時間もありません。

語呂がいいためか、よく「早寝早起き」と言いますが、生物学的には「早起き早寝」が正しい生活指導方針といえます。早く起きて朝の光を浴び、めいっぱい身体を動かして早く寝るのが大事ということです。ただし、早起きさえすればいいというわけではありません。今では、早起き遅寝の睡眠不足が増えてしまっていることが心配です。

●身体という「自然」の声を聞く

日本では「眠気は気合いと根性で乗り切れ！」などと言いますが、これは危険です。眠気は気合いが足りないから生じるものではありません。眠くなったら寝るしかないのです。そしてその後で、「どうしてその時間帯に眠くなってしまったのか」を考えるべきです。

なぜなら、「眠気」は身体の声だからです（疲れ、食欲、便もそうです）。眠気を我慢して起きていても、脳は働きません。この身体からのメッセージを無視する行動は、とても危険です。無視していると、ある日身体が反乱を起こします。朝、起きられなくなる。

「自分の身体のことは自分が一番よくわかっている」というのは、思い上がりです。身体は、最も身近な自然です。私たちはつい自然に対して傲慢になりがちですが、謙虚であるべきです。身体の声に耳を傾けなければなりません。

ヒトの知的能力が飛躍的に伸びている現代でも、生体時計の光に対する反応性はどうしようもありません。ヒトは、生体時計の前には無力なのですから。

睡眠の常識？

●どれくらい眠ればよいのか？

――ヒトの最低限必要な睡眠時間というのは、あるのでしょうか。

何歳で最低何時間眠らなければならないのか、ということについては個人差が大きく、必要な睡眠時間を一概に申し上げることはできません。そこで、これまで私は何歳なら何時間は寝てほしい、と申し上げてはきませんでした。それは、数字を出してしまうとその数字が独り歩きし、お一人お一人が自分の身体の声に耳を傾けることを疎かにしてしまうのを懸念してのことです。

その代わりといってはなんですが、ヒトは午前10時～12時が最も覚醒度が高いと言われているので、この時間帯に眠くなるようだとその人の睡眠時間は足りていない、眠くならなければひとまず足りている、ということが言えると申し上げてきました。

このことに変わりはないのですが、最近の睡眠不足があまりにひどいことを懸念して、最近では数字を出すようにしています。米国の national sleep foundation が提唱している睡眠時間です。これは、推奨睡眠時間と may be appropriate、まあ許せる睡眠時間の二段構えでの提唱がなされています。

数字をご紹介します。6～13歳では推奨が9～11時間、許容範囲は7～12時間、14～17歳ではそれぞれ8～10時間と7～11時間、18～25歳で7～9時間と6～11時間、26～64歳で7～9時間と6～10時間、となっています。

さて、これをご覧になって、今どの数字を意識されていますか？　おそらくは6～13歳と14～17歳では7時間、18～25歳と26～64歳では6時間ではないでしょうか。つまり、多くの方はおそらくは最低睡眠時間のみを気にされたのではないでしょうか？

私が申し上げたいのは、6～13歳では12時間、14～17歳と18～25歳では11時間、26～64歳では10時間寝ないといけない方もいる、という点への着目です。自分は6時間睡眠で大丈夫だからと、ひょっとしたら10時間睡眠が必要かもしれない同僚に6時間睡眠を強要してはいただきたくない、ということです。ぜひとも今回ご紹介した睡眠時間の目安を間違った方向に用いないよう、くれぐれもご注意いただきますようお願いいたします。

●週末の「寝だめ」

平日は多忙で睡眠時間がとれないから、週末に「寝だめ」しているという人も多いでしょう。しかし、(その)人が毎日必要とする睡眠時間は決まっています。週末に睡眠時間が増えるのは、平日に足りなかった分が借金(「借眠」)として溜まり、それを返済しているにすぎません。

●「質さえ良ければ短くても大丈夫」は誤り

睡眠時間が短いことを棚に上げ、質さえ良ければ短くても大丈夫といった、受けねらいの話も最近はよく耳にしますが、これは誤りです。確かに睡眠時間が4時間でも大丈夫な方はおいでかもしれませんが、9時間必要な方もおいでなのです。少しの眠りで身体をすっきりさせる方法はないのです。ご自身の身体の声に耳を傾けて、身体がすっきりする各自に合った睡眠時間をとりましょう。眠くなったら寝るしかありません。

学校で子どもが眠そうにしていたら

●昼寝の効用

――学校で、子どもが眠そうにしていたら、どうすればよいでしょうか?

先ほど午前10時〜12時は覚醒度が高い時間と言いましたが、反対に午前4時と午後2時はヒトが最も眠くなる時間です。よく、昼食のせいで眠くなると言いますが、昼食をとらなくてもこの時間帯は眠くなります。だからこの時間帯の居眠りは心配ありません。

ただし、午前中から眠いようならば、まずは睡眠不足症候群が心配です。たっぷり寝かせてあげてください。

台湾では中学校に昼寝の時間が設けられていましたが、日本でもちらほら見かけるようになりました。確かに眠くなってしまう午後2時前後の短時間の眠りは、その後の作業能率を高めます(ただし、30分以上寝てしまうと深いノンレム睡眠に入ってしまい、目覚めた後もポーッとしてしまうので、机にうつぶせになったうたた寝がお勧めです)。

ただ、そもそもの前提として、昼寝が必要というのは夜寝る時間が足りていないからです。昼寝はあくまでも救済措置と受け止めてください。

昼寝の時間を導入して学力が向上したという高校が話題となりましたが、それは昼寝だけの効果ではなく、昼寝をするために高校生が自分でタイムマネジメントをした、その成果でもあるのです。そこを短絡的に捉えてはいけません。

●正論は劇薬

ここまでの話をお読みになって、保護者に「子どもの睡眠が大切だ」と改めて伝えようと考えた先生もおられるでしょうけれど、このような正論は劇薬ともなりかねません。多様化する社会で、さまざまな家族の生活があります。一概に押しつけることはできないのです。

「眠りが大事だ」と言った途端、「眠り＝義務」と感じてプレッシャーがかかる保護者もおられます。そうなっては眠りがつらいものとなってしまう。眠りは本来、気持ちがよいものです。つらいものではなく、快いものと受け止めたいです。

睡眠時間をつくる「働き方改革」

――今、国でも「働き方改革」が喧伝されていますが、先生がまず寝る時間を確保しなければなりませんね。

「多忙ななか、そんな時間はない」とおっしゃる先生方が多いかと思いますが、申し訳ありませんがそれは甘えです。「24時間では足りない」と言う人は、26時間あったら「30時間欲しい」と言うでしょう。先ほどの昼寝を導入した高校の生徒のように、自分の働き方を見直すためにタイムマネジメントを取り入れるべきです。そして先生方はまず15分、管理職は30分、今より早く寝ていただきたいです。

退勤時間も早くしてください。5時半に退勤しましょう。保護者から文句も出るでしょうが、徹夜明けの外科医に手術してもらいたくないでしょう？　先生方も同じです。「睡眠不足でボロボロの先生に、あなたのお子さんの教育をしてほしくないでしょう？」と管理職が言ってほしいと思います。寝るのも大切な仕事なのです。

子どもたちの能力に限界があると言いましたが、もちろん先生方にも能力の限界があります。

そこをしっかり見極めて、タイムマネジメントし、自分の業務以外、能力を超えるものについては断らなければなりません。「コツコツまじめに努力する」ことをやめるのです。

先生の価値観が変われば、子どもに伝わり、子どもの価値観が変わります。そして日本の価値観が変わります。

最後に、高校生相手の講演会でいただいたご質問と、私の答えを紹介して終わります。

生徒：眠気に勝てない。　神山：眠気に勝ってはいけません。眠くなったら寝るしかありません。

生徒：眠くなったときの対処法は？　神山：寝るしかありません。

生徒：寝ても疲れが取れない。　神山：まだまだ眠りが足りないのでしょう。

生徒：不意に眠気が襲ってくる。　神山：寝不足の症状です。

生徒：毎日ちゃんと寝ているのに日中眠くなる。　神山：眠りが足りないのです。

●「睡眠時間最短」の現状を変えるのは大人の責務

今、日本では「発育期に眠りが疎かになるとどうなるか」という大規模な社会実験をしている状態です。実験結果が出たときには、手遅れになっていること必至でしょう。

子どもが健やかに眠ることのできる環境を整えることは、大人が最低限、次世代を担う子どもたちに提供すべき義務であり、責任です。

最近、睡眠不足を社会的課題としてとらえたテレビ番組がありました。すばらしい企画と期待したのですが、その最後、まとめの場面で司会のアナウンサーが「現代社会ではやむを得ない睡眠不足ですが……」と発言し、出演していた日本睡眠学会の理事の先生が慌てて否定していました。

睡眠不足の心身に与える悪影響をかんがみて、今や世界中で睡眠時間は増加しています。2014年と比べて2018年にはOECDの平均で6分増えています。2014年に睡眠時間が短かったワースト3は韓国、日本、ノルウェーでした。そして2018年までの4年間に韓国は睡眠時間に変化がなく、ノルウェーは29分増えましたが、日本はなんと21分減ったのです。

さらに2014年に比べて2018年に睡眠時間を減らしたのは日本のほか、メキシコ（13分減）、オーストリア（11分減）、南アフリカ（3分減）、フィンランド（2分減）のみであり、日本の睡眠時間減少幅の21分は飛びぬけています。つまり、日本は睡眠時間最短国になったのです。「現代社会ではやむを得ない睡眠不足」などといっている場合ではないのです。

ちなみに2018年、日本の睡眠時間は米国よりも83分短くなっています。また、睡眠不足に伴う経済損失も、日本は年間1380億米ドル（約15兆円）、額こそ米国の4110億米ドルには及びませんが、対GDP比2・92％は世界一（米国は2・28％）です。このような状態に至ってまだ睡眠時間を大幅に減らしている日本は異様です。日本は睡眠不足のせいで理性を失った、と言っても過言ではありません。

先生方、どうか一刻も早くこのとんでもない現状に気づき、行動してください。そして、理性的な行動を起こすためにも、お願いですから寝てください。

「男とはかくあるべし」から解放されなければ、働き方は変わらない

大正大学准教授　田中　俊之

男性の皆様は、ご自分が「働き過ぎ」だと感じたことはありますか。また女性の皆様はご自分の夫がもし「働きたくない」と言い出したら、どうされますか。世の中は変化してきているとは言われるものの、「男はバリバリ働くものだ」という世間の「普通」はいまだ変わっていません。その考えを変えずして、本当の「働き方改革」は、女性の活躍推進は、実現するのでしょうか。男性の働き方・生き方について考える学問、「男性学」の第一人者である田中俊之先生にお話をうかがいました。

性別にとらわれない生き方をめざす「男性学」

――まず、「男性学」とは何ですか。

もともと「女性学」という学問のほうが社会学の世界では先行していました。女性学とは、女性が女性であるから抱えてしまう悩みや葛藤――結婚や妊娠、出産を経たときに、仕事を継続できるかどうか、などが典型的ですが――を対象とした学問です。「男性学」はその「女性学」の影響を受けて成立しました。つまり男性が男性だからこそ抱えてしまう問題、悩みや葛藤を対象とした学問ということになります。

ただ、実際には社会学の分野では「男性学」ではなく、「男性性研究」と呼ばれています。社会のなかで「男らしいとか女らしいとされていること」について研究しているので、海外では「Masculinity《マスキュリニティ》（＝男らしさ）Studies」、日本では「男性性研究」と称しているのです。しかしそれだと一般的にはピンとこない人が多いので、「男性学」とか「女性学」という名称を使っています。

――「男性学」の目的は何ですか。

一つは、「男女平等の達成」です。これは、女性学・男性学ともに目標としているところですが、セクシャルマイノリティの方も含め、男女をめぐる偏見と差別を解消していくということです。

二つ目は、「性別にとらわれない自由な生き方の実現」です。たとえば学校現場でいえば、男の子で「家庭科が好きだ」と胸を張って言える子がどれだけいるかを考えてみてください。やはり「体育が好き」のほうが堂々と言いやすいと思います。反対に、「家庭科は苦手だけど体育は好き」と言う女の子がいたら、「女の子なのに……」と思われることもあるでしょう。

これが、性別にとらわれているということです。それに対して、男性学は「性別にとらわれないでいろんな生き方があってもいいですよね」と提案しているのです。

――どうして今、男性学なのでしょうか。

男性学は実は80年代の後半からあるのですが、その頃はほとんど知られていませんでした。しかし、このようにメディアから取材を受けることも増えましたし、専門書ではなく一般書も出せるようになりました。その明白な理由は、当時と比べて今、男性のお給料が下がっているからです。

80年代後半～90年代ぐらいにかけては、男の人が働くのは当たり前、お父さんの稼ぎでご飯を食べるのは当たり前だとみんなが思っていました。そんななかで

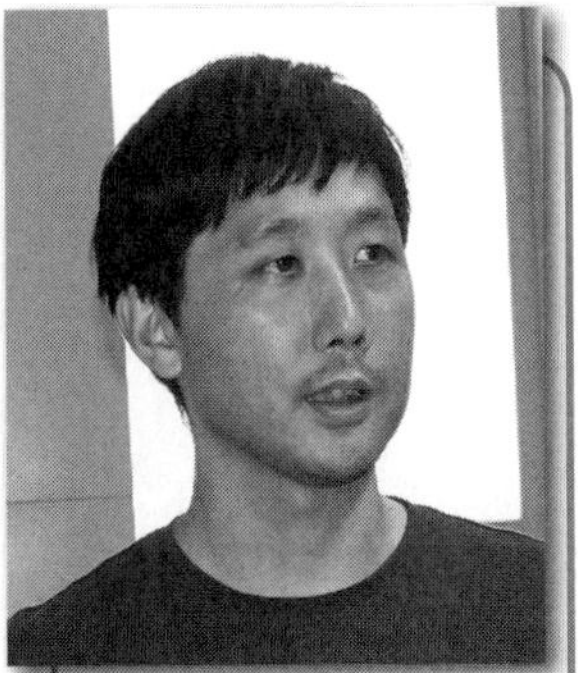

たなか・としゆき

1975年生まれ。男性の働き方・生き方について研究する「男性学」の第一人者として、メディア等で活躍。主な著書に『男子が10代のうちに考えておきたいこと』（岩波書店）、『男がつらいよ』（KADOKAWA）、『男が働かない、いいじゃないか！』（講談社）ほか多数。

「仕事中心の男性の生き方はおかしい」と言っても、「そんな考えのほうがおかしい」となってしまいます。しかし今は、多くのご家庭で、お父さんのお給料だけではもう食べていけないかもしれません。

また、女性活躍推進法が成立し、仕事の面でも男女は平等にならなければいけないという風潮が高まっています。共働きが当たり前になってくるなかで、男性が何を変える必要があるのかというと、やはり仕事中心の生き方ですよね。

「働き方改革」も影響しています。長時間労働是正が大きな目的の一つですが、最も長時間労働をしているのは中高年男性です。そこを改善していかなければならないというときに、男性の働き方について研究している「男性学」は必然的に注目されるというわけです。

「男とはかくあるべし」という常識が男性を苦しめる

――男性の抱える問題には、どのようなものがあるのでしょうか。

もし結婚したいと望んでいる場合には「結婚難」という問題があります。これは生物学的な要因によるものですが、男と女は生まれてくる数が違うのです。具体的には、結婚適齢期といわれる27~33歳の年齢層で男の数から女の数を引くと、11万人程度余ります。ですから、異性愛者で結婚したいと望んでいる場合には、結婚難は回避しがたい問題です。

もう一つは「働きすぎ」という問題です。2016年のデータ(出典:労働政策研究・研修機構『データブック国際労働比較２０１８』で見ると、日本では、週49時間以上働いている男性は28・６％です。国際比較をすればわかりやすいですが、イギリスでは17・５％、フィンランドやスウェーデンでは10〜12％にすぎません。

また男女で顕著に差があるのが「自殺」。日本では90年代後半〜２０１０年代の前半にかけて14年連続で毎年３万人が亡くなっていますが、その14年間で女性が１万人にのった年は一度もありません。男性が毎年２万何千人か亡くなっているということです。ある年だけそうであれば偶然ともいえますが、14年一貫しているということは、男性という性別が自殺という行為に影響を与えているという以外考えられません。

これは中高年の男性に顕著なのですが、彼らは人に悩みを言えない、つまり弱みを見せられないという傾向があるのです。このことが、中高年男性の自殺という行為の一因として考えられると思います。

――それは、どうしてなのでしょうか。

プライドが高いことが指摘されてきましたが、肩書き・立場も影響していると思います。たとえば校長先生は、責任のある立場ですよね。そこで「弱音を吐いてしまうとほかの人にも影響が出る。だから自分ががんばらなきゃ」と抱え込んでしまう。

また、仕事だけしていれば自己満足感がある程度得られるし、周りからも後ろ指をさされないのも原因の一つですね。仕事を一所懸命している人に、誰も文句は言わないでしょう。ですから、仕事をがんばってしまうのです。

しかし一番の原因は、そもそも中高年男性の弱音を受け止める場所がないということです。40代だと、妻がいわゆる103万円の壁で働いているケースも多いので、自分が「仕事に行きたくない」なんて言い出したら、それはイコール家計の崩壊です。そのため、妻に弱音を吐けない男性は多いでしょう。

また、中高年男性にインタビューしてわかったのは、彼らには友だち、愚痴を言える相手がいないということです。趣味でもあれば、仲間と愚痴を言い合うこともできますが、趣味もないんですよ。だからつらい。私も同じなのでよくわかります（笑）

——男性には、さまざまなプレッシャーが重くのしかかっているのですね。そのしがらみはどこからくるのでしょうか。


「普通の男はかくあるべし」という世間の常識です。日本における「普通の男」は、前提として異性愛者であり、そして当然結婚して、妻子を養うだけの稼ぎがあるものだといまだに思われています。

若い世代でも、とくに学生だと就労経験がないので、そのような考え方を持っている人は男女ともに多いですし、女性の専業主婦願望も減りません。それは彼らの親世代がそうであって、その親を見ながら育ったからというのが関係しているのだと思います。小・中学生にもそのような傾向があるのではないでしょうか。

――共働きが当たり前になりつつある今の時代でも、その「普通」は変わっていないのでしょうか。

確かに、働き始めた20代は「もう男の人ってそんなに稼げないんだな」と理解していますね。しかし、自分の所得だけで一家を養うのがむずかしいような男性ほど、そこに固執するというデータがあります。「俺の稼ぎでみんなが飯を食えるようにならなきゃ」と思ってしまうのです。

共働きでないと食べていけない世の中になっても、彼のなかの「普通」は変わっていない。だから苦しんでしまう。自分自身を、その「普通」にさえ届かない人間だととらえ、自尊感情を傷つけられるようなケースが出てきてしまうことも懸念されます。

今の若者は個人主義？

――ご著書のなかで、上の世代と若い世代のギャップについても触れられていますが、今の若者の特徴について教えてください。

今の若い人たちは男女問わず、自分個人の楽しみをより重視します。ですから、上の世代の方は、若い人の考えが理解できず、学校運営をとてもむずかしく感じることもあるのではないでしょうか。

これは、社会の変化が大きく関係しています。たとえば学生運動が盛り上がった時代には、若者が「社会」という大きなものに対して反抗していた。そこから時代を経て暴走族が出てくると、社会という視点はなくなって、親が悪い、警察が悪い、と抵抗する対象が小さくなってくるわけです。そして今の20代の人に聞くと、反抗期がなかったという人がすごく多いのですよ。親にすら反抗しないのです。

これは、物事を考える際の視点の大小とかかわってくると思います。大学生と話していても、社会という枠組みで物事をとらえようとする人はほとんどいません。実際、同一の大学で心理学と社会学を学べる場合、高校生の人気は心理学部のほうが高いのです。これは、若者の関心が個人の方に向いていることを証明していると思います。

その理由を端的に言うと、今の世の中は、助け合わなくても生きていけるという感覚がとても強い。たとえば、昔は電話がかかってきたら親が取り次いでくれましたよね。間をとりもつものがないと外部とつながれなかった。

しかし、今はみんな携帯電話を持っているので、間に人を挟む必要がありません。テレビも個室にある、あるいはスマホで動画も見られる時代、部屋にこもって一人で楽しく過ごすことが可能です。

基本的には一人で何でもできる、人と協力しなくても生きながらえられるように社会が発展しているので、結果として若者は上の世代から見れば個人主義的に見えます。これは、上の世代の人たちが温かかったというよりは、上の世代の人たちは助け合わないと生きていけない時代だったので、必然的にそうしていたのです。

他人と協同しなくても過ごせるように社会がどんどん進化していて、自分だけの感覚を信じて生きていけるようになったので、上の人たちがギャップを感じてしまうのも無理はないかもしれませんね。

男性学から見た教員という仕事

――男性学の視点から見ると、教員の仕事はどうですか。

まず教員は、男女で待遇の差がありません。そういう意味では男女平等だといえるでしょう。

そして、休業から復帰した際に同じ仕事に戻れるという点で明らかに有利です。これは、教員という仕事の持つ専門性が関係していると思います。ほかの職業だと、たとえば育休を取って戻った場合に同じ仕事ができないケースも多々あるでしょう。専門性が、仕事を継続していくうえでとても大切だということを示唆しています。

一般企業の場合だと、一般職という職種がありますが、高い専門性が身につく仕事だとはいえません。そもそも一般職は、結婚して辞める人を対象にした制度でもあったので、仕事の継続という意味ではたいへん厳しい。ですから専門性があることと、同じ仕事に戻れることを考えると、教員という仕事は共働きするうえでは非常に有利であると思います。

――そのようななかでも管理職となると、男性のほうが圧倒的に多くなります。

この問題は、これから改善していかなければならないと思います。先ほどの企業における一般職の話と比べると、女性が教員を辞めていない、あるいは復職しているのに出世できないというほうが根の深さを感じます。つまり、男が上で女が下だという認識があるから、条件をフラットにしても管理職に女性が上がっていけないという問題があるのだと思います。

これからの働き方を考える

――これから模索すべき、新しい働き方についてどのようにお考えですか。

教員の世界でもそれ以外の世界でもそうですが、今は置かれた環境に応じて働き方を変えるということがむずかしい状況です。

先ほど、教員という仕事は復職しやすいと述べましたが、そのようななかでもとくに女性は、子育てや介護を理由に辞めていく方も多いですよね。そういう方が元の職場に戻って週3日でも4日でも働ける制度になれば、今忙しくしている人が、その分休みをとることが可能になるかもしれません。

長い人生のなかで、働き方に起伏がないのは非常におかしいことだと思うのです。今、ダイバーシティが叫ばれていますが、一人の人間のなかの働き方の多様性を考えていくのも大切なのではないでしょうか。

――そのような働き方を実現するには、やはり男女ともに「普通」から解放される必要があるように思います。どうすれば、世間が抱く「普通」は変わっていくのでしょうか。

まずは私たち研究者が、使命感を持って学術的に根拠のある知見を一般の方にわかりやすく伝えていくべきだと考えます。そうした努力があってはじめて、一般の方にも「男女が不平等なのはおかしいかもしれない」とか、「男だから・女だからこの生き方をしなければという考え方はおかしいかもしれない」という考えが広がる可能性があるのだと思います。

それを次の世代に伝えていくという意味で、行政で男女共同参画に携わる方や学校の先生の存在にはとても期待しています。

——学校は、そのためにどんなことが必要になるでしょうか。

たとえば、「普通」は男性は競争意識が高く、人を押しのけてでも常に上に行かなければならない、というのがルールになっている世の中で、先生方がジェンダーについてある程度敏感な視点を持っていて、世間でいうこのような「普通」の考えに対しても、「こう考えたほうがみんなが楽しく生きていけそうじゃない？」という提案を、わかりやすく伝えられるとよいと思いますね。

ただ、ここで重要なことが一つあります。ジェンダー教育は、すでに学校において取り組まれてきていますが、その先生が理解して教えているのか、それともカリキュラムで決まっているから教えているのか、ということです。その先生が本当に理解しているかどうかは、子どもたちにはわかってしまうのです。

ですから、新書でもよいので、ジェンダーに関する本を読んでから教育にあたっていただけると、性別に関する世間の「普通」も変わっていくのではないかと思います。

長い道のりになることは確かでしょうが、かつてランドセルの色は男の子が黒、女の子が赤と決まっていたのが、今は水色や茶色のランドセルを背負っている女の子も多いですよね。または混合名簿にして、みんな「さん」付けで呼ぶなど、傍から見たら「何の意味があるの？」と思われることでも、教育現場で、何のためにそれをするのかを理解している人たちが、何十年もかけて「普通」をほぐしてきた事実があります。

「男女は平等だ」「性別にとらわれずにいろいろな生き方があってもいいのだ」というゴールをきちんと意識して、それをわかりやすく伝えられる人がいれば、強固であっても、「普通」は変わっていくと思っています。

教育にできることは当然大きいですし、先生が思っていることは子どもたちに伝わると思います。「誰もが働きやすい世の中を実現するために」というのは大きすぎる目標になるかもしれませんが、まずは「誰もが過ごしやすい学校を作るにはどうすればいいか」を考えていくのがよいのではないでしょうか。

3章　変化する社会と、教育

森 達也
福岡 伸一
宇野 重規

「ポスト真実」時代の教育

映画監督／作家
森 達也

客観的事実よりも、感情や個人的信念に訴えるものが力を持つ「ポスト真実（post-truth）」の時代。何が正しくて正しくないのか、何を信じればよいのか――情報を受け取る側のリテラシーが、切実に求められることになります。この時代に、市民を育てる学校の役割とは――多くの著書や講演活動を通してメディアのあり方について発信されている映画監督・作家の森達也さんにお話をうかがいました。

なぜ、「ポスト真実」がまかり通るのか？

──なぜ、これほど「ポスト真実」がまかり通るような時代となったのでしょうか。

なぜ今、「ポスト真実」がまかり通るのかと問われましたが、その前提をまず考えたいと思います。

そうすると、別に「今」だからではなく、昔からいわゆる「ポスト真実」的な虚偽（フェイクニュース）はたくさんありましたね。

とくに、「現代はネットの影響で虚偽がはびこっています」みたいに言われますが、そもそもマスメディアに虚偽はつきものなのですから。

なんといってもあの戦争の時代、新聞はみんな大本営発表だけをソース（情報源）にして報道し、ほとんどすべての国民はそれを読んで「日本は戦争に勝っている」と思っていた。そして8月15日に日本が敗けることを知って驚いた。まさしく国家とメディアが一体となった虚偽報道です。

もちろんそれ以降も、新聞、ラジオ、テレビとマスメディアを舞台にして「ポスト真実」はたくさんありました。けっして今だけの現象ではない。

では、なぜそもそもメディアが虚偽の情報を流すのか。戦争の時代はともかくとして、現在は市場原理の働きが大きいと思っています。

人はどうしても、スキャンダラスでセンセーショナルな情報、あるいは不安や恐怖を煽る報道に目が向いてしまう。だからメディアは人々の不安や恐怖を煽る。だって多くの人々に見てもらわないと、メディア企業で働く人たちは生活を維持できない。もちろん生活だけではなく、利潤があるから取材を継続することもできる。この原理は昔から変わりません。

そこへ、1995年からインターネット（ネット）というメディアが日常にあふれてきました。日常にあふれたというのは、その市場原理もまた、人々の日常にあふれてきたということなのです。

以前から、キュレーションサイト[*1]が問題になっていますよね。要するに、メディアが利益を出すために、いかにクリックさせるかが至上命題となっています。そのためにはよりセンセーショナルな見出しをつける。それが行きすぎて虚偽の情報まで発信されていたことが問題となっている。

また、そのようなキュレーションサイトなどでは、プロではない、一般人が副業として記事を書くことも増えています。当然ながらジャーナリズムの基礎もないし訓練も受けていません。ソースの確認もしないし、現場に行って取材することもないまま、クリックされるためだけのセンセーショナルな情報ばかりが流通する。

もちろん明らかに作為的なフェイクもあります。米大統領選挙のとき、マケドニアの若者がフェイクニュースを意図的につくって流しました。[*2]

これはわずかな一例で、すでに世界にはこのようなフェイクニュースがあふれています。そのため、「ポスト真実がはびこってきた」という印象を持つことになるのでしょう。ネットが日常化したがゆえに、情報の真贋を見極めるなどの過程を経ないままの情報があふれ出しています。同時に、新聞やテレビなどの既成メディアも、当然ネットに背中を押され、より過剰に競争原理が働きます。結果、既成メディアも、その市場原理にどんどん自らを埋没させてしまっている

――そういった現象が起きて、今の状況になっていると思います。

メディアの真贋は見抜けない

――そんななかで、個人として情報の真贋を見極めることはできるのでしょうか。

もり・たつや

1980年代前半からテレビ・ディレクターとして、主に報道とドキュメンタリーのジャンルで活動する。1998年にドキュメンタリー映画『A』、2001年に続編『A 2』を公開、高い評価を得る。2016年に『FAKE』、2019年には『i―新聞記者ドキュメント―』を発表。主な著書に『フェイクニュースがあふれる世界に生きる君たちへ：増補新版 世界を信じるためのメソッド』（ミツイパブリッシング）、『放送禁止歌』（光文社）、『死刑』（朝日出版社）、『たったひとつの「真実」なんてない』（筑摩書房）ほか多数。

＊1　いろいろな情報をまとめたサイト　＊2　広告料収入獲得の目的で、「ローマ法王がトランプ氏を支持する声明を発表した」など、トランプ支持のフェイクニュースを大量に配信していた。

僕は、メディアが発信する情報の真贋は見抜けないと思ったほうがよい、と考えています。

もちろん真贋を見抜けるものもありますよ。でも、たとえばネットでニュースが流れてきたときに、このニュースのソースは何なのかを見抜くための材料も素養も、一般人にはなかなか持ちえない。当然です。毎日が忙しい。新聞を何紙も読み比べたり、情報の一つひとつのソースを調べたりするなど不可能です。

さらに、僕もいちおう映像のプロですが、今のCGは、どこまでがCGで、どこからが本物かなんてわかりません。編集技術におけるインサートは、元の音か画だけを残して、別のシーンの音か画だけを挿入(インサート)する技術です。基本的な編集のテクニックで、例えばひとつのテレビ番組があったとして、インサートは何十か所もあることが普通です。

これらを見抜くことは、ある程度は可能です。でもある程度です。ならば、真贋を正確に見抜くのは無理だという前提に立ったほうがよいと思います。情報に対してもっと根本的に、違う意識を持ったほうがいい。それがリテラシーの第一段階であると考えます。

●客観的な「真実」は存在しない

——そもそも表現には常にブレがあると、おっしゃっておられますね。となると、情報に対して「真実だ」と思うことが危険とも言えるのでしょうか。

そもそも僕は、客観的な真実は存在しないと思っています。「事実は存在しない。解釈だけである」というニーチェの言葉が一番わかりやすい。

極端に言えば、今そこの花を見て、あなたは「黄色だ」と思いますね。でも、僕の見ている黄色と、あなたの見ている黄色が本当に同じ色かどうか、誰にも証明できません。実は僕の見ている黄色は、あなたの見ている紫色の可能性もあるわけです。だって感覚というのは人と共有できるものではありませんから。嗅覚も聴覚もすべての感覚は、その人個人のものです。

さらに言えば、目で見たものは、視覚細胞が捉えた光の限定された情報を、脳の視覚野に反映して認識している。頭の中で再構成している現実です。

少し哲学的な領域から考察すれば、「本当の真実」は存在しない。あるいは仮に存在していても、人には認知できない。そういうことになります。

あるいはもう少しくだけた例を出すと、このマグカップをどう表現するか。見る方向によって、円だったり長方形だったりします。あるいは人によっては、白色だと言うかもしれないし、飲み物を入れる器だと言う人もいるかもしれない。いろんな表現があるわけです。そしてそれはどれも嘘ではありません。

たかだかマグカップでもそうなのに、世の中の現象はもっともっと多面的で多重的ですから、どこからどう見るかで、「どう表現するか」は全然変わってきてしまう。だから結局のところ、「真実は何か」には、行き着くことができません。

でも事実はあります。僕が見た事実。あなたが見た事実。一人ひとりにとっての事実はあります。そんな集合体によって僕たちは認識をしているのです。

——では、どうすればよいのでしょうか……。

常に情報は「誰かの視点なんだ」ということを意識することです。新聞記事は、記者が現場で取材をして認知したことを書いています。言い換えればこれは記者の視点です。あるいは主観。

文章に比べれば映像は現実だと思われるかもしれない。でも映像は、アングルによって全然変わります。たとえば今、このインタビューの様子を窓越しから撮るか、あなたの背中越しから撮るかでも全く違う映像になります。

さらに映像は、フレーム以外の世界がわかりません。映っているもの以外は、全く認識されないのですから。カメラマンが現場で自らの視点でフレームとアングルを選択し、ディレクターや監督がさらに編集で加工し、音やナレーションを入れたりもします。

要するに、情報は全部、発信した人の視点であるとの意識を持つこと。この前提が大事だと思います。

——新聞やテレビを信じず、「ネットに真実がある」という若者がいますね。

ネットには「マスゴミ」という言葉が氾濫しています。マスメディアはウソばかり、が前提です。でもあなたが見ているネットも、アルゴリズムによって自分の視点や主観、さらには好みなどが反映された世界です。けっして「真実」なんかではない。

●日本人の「お上意識」

──ご著書で、「無知は最大の暴力であり罪悪だ」とされていて、感銘を受けました。ただ、日本人には、「むずかしいこと」や「わからないこと」は、誰かに任せて自分は知ろうとしない、という傾向がないでしょうか。

最近気づいたのですが、「公共」の感覚も欧米とは全然違います。たとえば税金。英語のtaxは"pay"するものです。税金を払って、その対価をしっかりと要求するわけです。でも日本では、税金は「払う」ではなく「納める」ものです。要するに年貢。お上に納めて、あとはどうぞお好きに使ってください、ということですね。

こうした感覚の帰結として、日本人は反省や絶望が下手です。たとえばオウム真理教事件とか福島第一原発事故とかでもそうでしたが、大きな事件や事故が起きたら、そのときは大騒ぎします。でもあっという間にそれを忘れてしまって、また同じことを繰り返すという傾向が顕著に見られます。

人は群れるイキモノです。そして東アジアはとくにこの傾向が強い。組織と親和性が高いんです。個として自立するより、何かに所属して安心したいという気持ちが強い。DNAとかそういうことではなく、歴史や文化、そして教育も含めた環境の影響が大きいと思います。

何かに所属することで、主語が「私」という一人称単数から「われわれ」という複数形や帰属する組織の名称になる。ならば述語も変わります。自分で考えるという意識も希薄になります。昔からあった傾向だけど、これが強くなってきている、と感じます。主語が自分ではないから指示を待つ。そして指示が聞こえないときは指示を想像する。数年前から話題になっている「忖度」が、この傾向が強くなっていることを示しています。

だからまずはやっぱり「個」です。個がもっと強くなる。自立する。そういう意識をもう少し日本人が持てれば、メディアへの接し方も変わってくると思います。

民主主義とメディアリテラシー

――民主主義のあり方が問われていますが、民主主義とメディアは密接に関係していますね。

アメリカの第3代大統領、トマス・ジェファーソンが残した言葉です。「新聞の無い政治と政治の無い新聞、どちらを選ぶかと言われたら、私は迷うことなく政治の無い新聞を選ぶ」。

権力は危険です。暴走するし腐敗する。だからもし権力を存在させるのであれば、しっかりとそれを監視するものが必要である。それがメディアであり、権力とメディアは不可分ということです。

このジャーナリズム、表現の自由は世界共通で最優先されるものです。でも、残念ながら日本のメディアは、権力に対する監視が弱い。

なぜ弱いのか？　それは、その方向が支持されないからです。メディアも市場原理で動きますから、与党を厳しく監視して報道し、それが支持されるのであれば部数も増えるのでしょうけど、今はそういう状況ではありません。むしろそのような新聞は「売国」呼ばわりです。

とくにオウム真理教事件以降、この国は大きく変わりました。その転換の燃料になったのは不安と恐怖です。セキュリティ意識を激しく刺激された日本社会は「集団化」を起こします。集団としてまとまろうとするから同調圧力が強くなる。そして異物を集団から排除しようとする。こうした状況で全体の流れに水を差すような視点は表現しづらくなる。政権与党など多数派によって支えられる権力を監視する言論は肩身が狭くなる。でもこれではダメなのです。トマス・ジェファーソンが言うように、権力はどんな権力であれ監視されなければならないのです。だから、まずはメディアにはそのような役割があるということを、読者・視聴者が意識しなければなりません。

もう一つ忘れてはいけないことは、組織メディアのほとんどは営利企業であること。つまり、市場原理に支配されます。この現状に対して、「メディアが儲け主義に走っていいのか？」と言う人もいます。でも、営利企業は利益を求めることが前提です。それによって社員たちは生活できるし取材費も工面できる。ボランティアではないのだから、メディアにだけ利益を求めるな、と言うわけにはいかない。

だから、市場が変わるしかないのです。市場が変われば、メディアなんてあっという間に変わります。

メディアを軽視してはいけない。僕は民主主義の最も重要な要素がメディアと教育だと思っています。ネットはもちろん功罪あるけれど、いまさら止められません。だからそうした時代状況を考えながら、情報の価値を認識して、同時に情報とは主観的で発信者の「視点」であること、中立・公正・客観・不偏不党などというものは存在しないということを意識してほしい。

日本のマスコミを「マスゴミ」と言う人には、「今の日本のメディアがゴミならば、市場である僕たちもゴミですよ」と言いたい。社会とメディアは同じレベルです。

国際NGO「国境なき記者団」が発表した2019年報道の自由度ランキングで、日本は67位です。G7では最下位。トンガ共和国やマダガスカルよりも下なんです。ならば日本社会の成熟度も、そしてその社会が選ぶ政治家の質も67位です。中流国だと思うべきです。

学校の「真実」?

――「真実」はないということを、学校はどう受け止めて、教育をしていけばよいでしょうか。

教育はある意味で「洗脳」だと思います。洗脳がきつい言葉なら、マインドコントロール。けっして否定的な言葉ではない。だってマインドコントロールのない文明など存在しない。

だから教育でも、先生は「これは自分の視点である」という前提をはっきりさせたうえで、先生が主観で「先生の事実」を子どもたちに伝えていいのではないでしょうか。そして同時に、視点の多様さも伝える。

たとえば歴史では、織田信長はこちらから見れば傑出した人物だけど、あちらから見ればとんでもない人物です。視点次第なのです。

また、近現代史は、南京、従軍慰安婦、あるいは天皇の戦争責任などなど、触れづらいところがたくさんあるとよく訴えられます。まだ評価が定まっていないから教えられないとも。ならば評価が定まっていないことを前提にしながら、自分はどう思うかを伝えればいい。

偏っていいんです。だって偏らずに教えるなんて、無理なのですから。歴史もメディアリテラシーと同じ、要は視点次第なのですから、多面性を前提としつつ、先生は遠慮しないで自分の思いを伝えていいと思います。

そんなことをしたら、教育委員会や保護者から非難されるとおっしゃる気持ちもわかります。でも萎縮しないでほしい。

子どもは先生の言うことを100%信じるほどウブでもヤワでもありませんよ。そういう意味で、もっと子どもを信用してもよいと思います。「視点」というメディアリテラシーの教育もぜひしていただいたうえでですが、子どもたちは「先生の真実」をそれはそれで受け止めて、それを自分の人生の一ページとして、今度は「自分の事実」を見つけていくでしょう。

「動的平衡」から考える、教育という営み

青山学院大学教授
福岡　伸一

「生命とは何か？」――これまで人類はこの大きな問いへの答えを探し続けてきました。大ベストセラー『生物と無生物のあいだ』の著者、生物学者の福岡伸一先生は、その答えは「動的平衡」だと言われます。「動的平衡」とはどのような仕組みなのでしょうか。そしてそこから導き出される、生命としての私たちが営む「教育」本来のあり方とは。詳しくお聞きしました。

「動的平衡」とは

●「生命とは何か？」

――まず、先生のご著書タイトルともなっています「動的平衡」についてご解説ください。

私は今は生物学者を名乗っていますが、かつては虫が大好きな昆虫少年でした。いつも蝶々を捕まえに行ったり、幼虫を捕まえてさなぎになるまで育てたりしていました。

長くても2週間くらい経つと、さなぎから蝶々が出てくることはみなさんもご存じでしょう。ですが、さなぎの中で何が起こっているのかについてはご存じでしょうか？

実は今の科学でもはっきり解明できていません。

私は、さなぎの中で幼虫の細胞が溶けてドロドロになり、その中から新しい蝶々の形が作られるという、劇的な変化が起こっていることに、子ども心に「生命って何だろう」と問いかけていました。こうやって大人になり生物学者となった今でも、私は「生命とは何か」を問い続けているわけです。そして今、私がベストの答えだと思っているのが「動的平衡」です。

「動的平衡」とは読んで字のごとく、絶えず動きながらも（＝「動的」）、バランスをとっている（＝「平衡」）ということです。

私たち生物は、絶え間なく食べ物を体内に取り入れないと生きていけませんが、その「食べ物を食べる」という行為は、しばしば単にエネルギーを補給していることだと思われがちです。

ですが、実はそうではありません。食べ物は、もちろん燃やされてエネルギーになる部分もありますが、その成分の半分以上は体のあらゆるところに散らばっていき、そこに溶け込んで体の一員となるのです。

そのとき、それまで体を作っていた分子や原子は代謝され、外に排出されていきます。つまり、食べ物を食べるということは、自分自身を入れ替えている、ということなのです。

言い換えると、生命は、絶え間なく自らを壊し続けているのです。壊し続けて、作り直す。その作り直すために食べ物が必要なので、いつも食べ物を食べ続けなければならないのです。

●「エントロピー増大の法則」に抗う

――なぜ、生命は自らを壊し続けているのでしょうか。

それは、少し逆説的な言い方になりますが、「変わらないために、変わり続けている」からです。

生命は、今から38億年前に最も原初的な細胞が地球上に現れたと考えられています。それが少しずつ変わりながら、38億年かけてこれだけ豊かな生命の多様性を地球上にもたらしました。その間、一度たりとも生命が途切れることはなかったのです。

生命がそれほど長持ちする秘訣は、いったい何だったと思いますか？

人間が浅知恵で「長持ちするものを作ろう」とすると、堅牢・頑丈なものにしますよね。建造物でも、船でも、車でも、早々に錆びたり劣化したりしない素材で作れば、10年、20年は長持ちするでしょう。

でも、１００年、２００年となるとどうでしょう。１０００年、２０００年となると、まあ無理です。１万年、２万年となると、絶対に残りません。それはなぜかというと、この私たちの住む宇宙には、「エントロピー増大の法則」というものがあるからです。「秩序あるものは、必ず無秩序になる」というこの法則には、何物であっても絶対に逆らうことができません。

壮麗なピラミッドも、３０００年経つと徐々に風化して砂粒になっていきます。整理整頓した机の上も、数日すれば書類が積み重なり、本が崩れ、封筒が散らばって乱雑になります。熱烈な恋愛もやがては冷めます。すべては「エントロピー増大の法則」なのです。

生命は、この「エントロピー増大の法則」になんとか抗って38億年続いてきたように見えますが、この法則を無視してきたのではありません。この法則に抗ってきたのです。そしてその方法が「動的平衡」なのです。

「エントロピー増大の法則」は、秩序的な仕組みである生命にどんどん降り注ぎ、細胞を常に壊そうとします。

ふくおか・しんいち

生物学者。ハーバード大学医学部博士研究員、京都大学助教授を経て現職。『生物と無生物のあいだ』（講談社）は、科学書では異例のベストセラーに。ほかに『動的平衡』『動的平衡２』『動的平衡３』（木楽舎）、『できそこないの男たち』（光文社）、『生命の逆襲』（朝日新聞出版）など著書多数。

細胞膜はすぐに酸化して錆び付いてしまうし、細胞中のたんぱく質は変性したり分解したりします。そのほかの構造物も、常にバラバラになったりゴミや老廃物が溜まったりします。それらを放っておけば、細胞はすぐにダメになってしまう。

そこで細胞は、堅牢・頑丈に作るという方針は最初からとらず、ゆるゆるに自らを作ったのです。そして「エントロピー増大の法則」が細胞を壊してしまう前に、あえて先回りして自らを壊し、作り替えているのです。

壊して作り替えるというのは、自らをあえて不安定な状況にもっていっているということです。人間が歩くときも同じですが、一歩踏み出すということは、不安定さを作るということです。でもそのことによって、体は前に進み出て次の一歩が出る。それと同じように、先回りして自らを壊すということが、「動的平衡」の非常に大事なポイントなのです。

システムにどんどん溜まっていくエントロピーを常に外へ捨て続ける。ですから、自分自身は少しずつ常に変わり続けているのですが、激変することはありません。反対に言うと、大きく変わってしまわないために、常に小さく変わり続けているということです。

――なぜ生命は、そこまでして「エントロピー増大の法則」に抗っているのでしょうか。

「なぜ」という疑問には科学はなかなか答えられないのですが、「エントロピー増大の法則」に抗うことができた唯一の仕組みが、生命だということですね。

持続可能であるために、可変的である

●1年前の私と今日の私は同じ？

――「持続可能性」は世の中のキーワードとなっていますが、ご著書でも〝生命は可変的であるから持続可能である〟とおっしゃっていますね。

自らを壊しながら作り替えることが、実は持続可能であり続ける、ある意味で唯一の方法です。だから、持続可能であり続けるためには、可変的でなければなりません。

そのときもう一つ重要なことがあります。私たちはどんどん自分自身を作り替えているので、昨日の私と今日の私とでは、その間の食べ物によって、物質レベルではだいぶ入れ替わっています。

消化管の細胞は2、3日で死んで捨てられてしまいます。ウンチの主成分は、食べ物のカスではなく、自分自身の消化管の細胞なのです。その替わりに、食べ物で作られた新しい細胞が次々に配備されていきます。

爪や髪の毛は生え替わりが実感できますが、骨や歯のようながっしりした部分でも、ずっと同じなわけではなく、中身はどんどん入れ替わっています。脳細胞も、配線は保存されていますが細胞の中身は入れ替わっている。ですから1年前の私と今日の私とでは、物質レベルではほぼ別人なのですね。

ではなぜ、そんなに入れ替わっているにもかかわらず、「私は私」なのでしょうか。学校で考えてみましょう。毎年卒業生が出て行き、新入生が入ってきます。教師も一定数入れ替わり続けていきます。でも、学校のブランドというものは保たれていますね。ここに「動的平衡」は重要なヒントを示すことができます。

私たちの細胞は、ジグソーパズルのようなものです。個々の構成要素は、プラモデルのように接着剤で貼り付いているわけではなく、ジグソーパズルのピースのように互いに他の形を補いながら存在しています。

私はそれを「相補性」と呼んでいます。互いに他を支えつつ、互いに律し合っている状態です。ジグソーパズルは、あるピースがなくなっても、周りのピースが残っていれば、なくなったピースの形と場所は保存されているので、新しいピースを作ってそこに入れることができます。体のすべての細胞も、このように「相補性」が周りとの関係で保たれているのです。

ジグソーパズルの複数のピースが同時多発的になくなっても、周りとの関係性が保たれている限り、全体の絵柄は変わりませんね。これと同じことが、体の中でも起きているわけです。

そしてこれが、学校のような組織についてもいえるのです。新しい人たちが入ってくるということ、ごそっと入れ替わるように聞こえますが、実は組織のあちこちで人が入れ替わります。すでにいる人たちは、新しく来た人たちを寛容に受け入れます。そうすることで、組織の一員となった人は、ある種の「相補性」のなかで自らを規定し、周りの人は新しく入ってきた人たちを支えるようにいろいろなことを伝達します。それがうまく行われている組織は、ブランドを保てるのです。

●なぜ、人間は安定を求めるのか

――人間には「安定を求める」心理もあると思いますが、どう考えればよいでしょうか。

肉体は常に変わっているけれども、自分の記憶は変わらず、アイデンティティは一貫していると、人は信じていますね。常に変わり続けているのに、なぜ記憶が変わらないのか。

それは記憶が、物質であったり、細胞レベルでビデオテープのように保存されているというものではなくて、細胞と細胞の関係のなかに保存されているからです。記憶は、神経細胞の回路のようなものとして保存され、その回路に電気が流れればある記憶が思い出される、というわけです。

たとえば山手線でご説明すると、山手線が開通して約100年になりますが、その間、線路も駅舎も電車もすべてが絶えずリニューアルされています。ですが、渋谷、原宿、代々木、新宿……という関係性は保たれていますね。それが記憶です。

私たちの頭の中も、脳細胞は更新されていますが、そのつながり方が保存されているので、いちおう「私は私」ということになっているのです。肉体はどんどん「動的平衡」で流転《るてん》している一方、記憶だけがアイデンティティを支えているので、そこについすがりついてしまう。それが「安定を求める」ということだと思います。

ですが、実は記憶も少しずつ変容していますし、アイデンティティも体と無縁ではありません。そう考えると、安定性にしがみつくというのは、あまり生命のあり方にかなった立場ではないということになります。

ですので学校をはじめさまざまな組織も、過去の成功体験や、今うまくいっている仕組みなどもあると思いますが、やはり絶えず少しずつ変わるべきなのです。

大きく変えると「相補性」が失われてしまうので、同時多発的に、今の関係性を保ちながら少しずつ変えていくことです。進化の歴史を見ると、強いものが生き残り、弱いものが絶滅したわけではありません。変われたものが生き残ったのです。

あらゆる組織が持続可能性を求めようとすれば、常に可変的である必要があります。なぜならば、環境には二度と同じ状態はないからです。

「動的平衡」から教育を考える

●「因果関係」は存在しない？

人間は、自然界を見るうえで、さまざまな因果関係や法則を見出してきています。ですが、生命は偶然生まれ、さまざまな環境の変化に応じて、たまたまそれに適応したものが生き残っているということなので、まったく同じ環境が再現されたとしても、同じように進化するとはいえません。

ですから、ＡＩが考えるアルゴリズムのように、「Ａが起こればＢが起こり、Ｂが起こればＣが起こる」などの再現性のよい因果関係は、生命現象の中では二度と起こらないのです。Ａが起こったらＣが起こるかもしれないし、Ａの次にまたＡが起こるかもしれない。

あるいは生命が子孫を残すのも、子どもを産みその子どもが成長してまた子どもを産むというサイクルとなっているので、同じ因果関係が反復されているように見えてしまいます。ですが、一回として同じことは起きていません。どの生命も、一回限りの生命です。

すべてのことは一回限りしか起きない／同じことは二度と起きないという意味で、「因果関係」というものは存在しません。同じ条件でも違う結果のことはいくらでもあるので、とくに自然を見るときは、因果律に固執すべきではありません。

――今日の教育界では、「成果」を得るための取り組みや施策が求められますが、そこには因果関係があるのでしょうか。

もちろん教育という営みにおいて、取り組みによる成果・効果が現れたほうが、みなさん嬉しいわけです。ただ、教育の場合は、「これをしたからこの成果が出た」などのように、成果・効果がすぐ現れるとは限りません。もっといえば、すぐに現れないことのほうが多いということは、現場の先生方はよくご存じですよね。

実務教育以外の大半の教育は、いつどんなかたちで役立つのかはわかりません。５年後、10年後もわからない。でも20年経って、初めて先生の言葉の意味がわかるかもしれない。教育とは本質的にこういうものであって、効率で測れるものではありません。

スティーブ・ジョブズの話が印象的なのでご紹介しましょう。ジョブズは田舎の大学を中退した後、ふと覗《のぞ》いた教室のカリグラフィ（文字を美しく見せるための手法）の授業に興味を持ち、何度かもぐりこみました。

その後マッキントッシュを製作するなかで、ジョブズは画面の文字の見せ方にこだわります。そこでかつてのカリグラフィの授業で得た知識が生かされ、これまでにない美しいフォントを作ることができたのです。

ジョブズはこのように、無関係だったこと同士が関係性をもってつながることを、「コネクティング・ドッツ」と呼びました。ドッツ＝点の多くは教育によってもたらされますが、人生にたくさん散らばっています。互いに関係はないし、それらが人生でどんな意味を持つのかもわからない。そこにはまだ因果関係はないわけです。でもあるとき突然つながって、すばらしいアイディアが生まれる可能性があるのです。

教育とはまさにこういうものです。「これをしたから、こうなる」とか、費用対効果では測れません。ただ、「これだけは知っておくべき」という基礎学力のドッツを与えることができるだけです。

――ＡＩと生命とでは何が違い、人間は何を大事にしていけばよいのでしょうか。

まず、「動的平衡」である生命は自らを壊しながら作ることができますが、ＡＩには自分を壊すことはできませんね。

そしてＡＩには、無関係なドッツをコネクトすることができません。ＡＩにできるのは、すでに結びついているものを提示することだけです。でも生命は、今まで誰も結びつけていないドッツを結びつけることができるのです。

有限の選択肢から最適解を選ぶ作業はＡＩが人間を凌駕《りょうが》するでしょうが、ルールがないところで無関係なものを結びつけて新しいものを作っていくことができるのが、人間の思考にできる唯一の特性です。これを大事にしなければなりません。

――「結びつき」というお話では、教科横断的な学びは、バラバラだったドッツをコネクトする取り組みととらえられるでしょうか。

確かに一つの「結びつき」を示すモデルとしてはよいとは思いますが、他方でそれが定型化することは心配です。ドッツを結びつけるのは、個々人の発想によります。それはＡＩにもできません。人間だけができる、非常に個人的な発想ですから、教師が定型のプログラムとして押しつけるのではなく、意外なつながりがある例をいくつか教えて、あとは子どもたちが自分の発想でつなげられるようにすることが大切ではないでしょうか。

ドッツが個々の子どもたちの人生でどんな意味を持つのかは、それぞれ違います。先生方もそこには責任がないのです。あまり近視眼的に効果・成果を求めるのは、本来の教育のあり方ではないと考えます。

教育の成果というものは、そうたやすく、短期間に出るものではありません。またその成果の出方も、個人個人違うものです。先生方は、自分が知っていてよかったな、と思うことを子どもたちに伝えていくことが大事だと思います。その成果や効果がどう出るかは、子どもたち一人ひとりが、そのドッツをどう結びつけていくかで変わっていくのです。

岐路に立つ民主主義と、教育

東京大学教授　宇野　重規

2019年7月の参院選は、全体的に低い投票率のなかで、とくに18、19歳の若者の投票率は実に約30%でした！　学校の先生方は、この数字をどう受け止められたでしょうか。市民を育てるための教育は「失敗している」と言われても、反論できない数字です。このままでは民主主義は立ちゆかなくなるのではないでしょうか？　なぜ、若者の投票率は低いのか、そして学校教育はどうすればよいのか——政治学者の宇野先生にうかがいました。

参院選の投票率を読み解く

●投票率低下は長期的な趨勢

――2019年7月の参議院選挙では、48・80％と過去ワースト2の低投票率となってしまいました。この状況を、どう受け止めればよいのでしょうか。

投票率の低下自体は、1990年代からの長期的な趨勢《すうせい》です。それまでは衆院選で70％台、参院選で60％台の投票率でしたが、90年代以降は50％台で安定してきています。2009年の民主党政権を生んだ衆院選は一時的に盛り上がりましたが、それも一過性でした。

なぜ投票率が低下傾向かというと、かつて日本では良くも悪くも「保守」と「革新」という一つの座標軸があり、それに沿って投票行動を決めていました。その構図が90年代以降、崩れてしまったのです。とくに「革新」が何を意味するのかが、よくわからなくなりました。「リベラル」と看板をつけ替えたけれども、結局よくわからない。もっとも「保守」は「保守」で、何を「保守」しているのかも非常にあいまいになっているのですが。

多くの国で争点となるのは、高福祉・高負担の「大きい政府」と、低福祉・低負担の「小さい政府」のどちらを選ぶのかです。でも日本ではそのような争点になりません。保守である自民党が「大きな政府」を志向し、リベラル・革新の野党のほうが増税に反対して「小さな政府」を志向するという、世界の基準から見ると非常にねじれた状況です。

そのなかで、どこへ、何を基準に投票すればよいのかよくわからないという現状があり、投票率が50％台というのも今の流れでは普通だと思っています。ただ、それでも48・80％という、2人に1人が投票しない状況を、民主主義と呼ぶことができるのか――大いに危機的です。

――そのなかでも、若者の投票率は最も低くなってしまいました。

そうですね。18歳と19歳の投票率は32・28％でした。全体の48・80％よりも16・52ポイント下回っています。初の18歳選挙権で話題となった2016年参院選と比べても15ポイント近く下回りました。この壊滅的な数字は、衝撃として受け止めざるを得ません。「若者の政治への無関心が問題だ」と言うのは簡単ですが、やはりどこに投票すればよいのか、そしていわゆる「政治」というのが自分たちにとって何の関係があるのかがわからない、ということが大きいのです。

1990年以前は、学校で習わなくても世の中の感覚として、保守と革新の対立構造を肌で感じることができました。それが、冷戦が終焉し、ベルリンの壁が崩壊してから、それを感じる場面がなくなってしまった。今の50歳前後が分水嶺《ぶんすいれい》ですね。若い人に聞くと、保守と革新の意味がひっくり返っているのですよ。「革新」と

うの・しげき

専門は政治思想史、政治哲学。著書に『トクヴィル　平等と不平等の理論家』（講談社）、『〈私〉時代のデモクラシー』（岩波書店）、『民主主義のつくり方』（筑摩書房）、『保守主義とは何か』（中央公論新社）など多数。

して自民党や大阪維新の会をあげ、「保守」として共産党や公明党をあげる。50代以上には信じられませんよね。でも、共産党は憲法改正反対です。変えることに反対だから保守。他方で自民党や日本維新の会は憲法改正などとにかく何かを変えようとしているから革新、というわけです。

これまでは「教育の中立性」の名のもとに、学校での政治についての生々しい教育は避けられていたのが、ようやく昨今、「これはまずいぞ」ということで、政党ごとの主張を比較するなど、主権者教育に力が入れられてきました。でも、遅きに失した感があります。

それにそもそも、学校教育ではたして本当に政治について教育できるのでしょうか。身の回りで身体感覚で理解できる政党の座標軸がないなかで、いくら学校で「選挙に行きましょう」と言われたところで、そうかもしれないけど、でも政治が自分にどう関係するのか、ということが本当にわからないのです。

若い人を、不勉強とか、問題意識が低いと批判するのは容易ですが、それだけではどうにもなりません。改めて、投票によって自分たちの社会を変えていくとはどういうことか、若い人が納得できるように説明していかねばなりません。そうしないとこの傾向には歯止めがかからない、と私はかなり悲観しています。

一方で、このような状況のなかでも義務感のようなもので投票している若者も3割はいます。またごく一部ですが、非常に政治意識が高く、政治についてよく知っている子たちもいるのです。私が2018年に出した『未来をはじめる』(東京大学出版会)という本は、ある高校での講義と座談会の様子をまとめたものなのですが、本当によく勉強している生徒たちでした。ただ、やはりこれはきわめて例外的で、7割以上の生徒さんは、無関心というよりはそもそもぴんとこない、どうしていいかわからない。これは深刻な事態です。今回は、何とか踏みとどまっている3割の若者が投票をしただけでもまだよかったのではないか、という思いです。

●若者の保守化？

――とくに30代以下で現政権を支持する声が大きいという報道がありますが、本当ですか。

「若者が現政権を支持している」から「若者が保守化している」という指摘ですね。しばしばそう言われますが、この指摘については私は少し気をつけたほうがよいと思っています。

諸データで政党支持率、自民党支持率を見ると、年齢とともに支持率も下がっています。年が下がるにつれて、与野党を問わず政党との結びつきが弱くなっているんですね。ですから、若者が与党を支持している、保守化している、というのではなく、政党支持率全体が下がっているなかで、野党についてはさらに劇的に下がってしまっている、ということなのです。

若い人たちは、そもそもなぜ野党が存在しているのかがよくわからない。およそ体制というものは批判されるべきものであり、厳しくチェックされているからこそ政治は誤らないのであるという50代以上の感覚が、とくに30代以下では決定的に崩れています。

若者に聞くと、国会で安倍さんが説明しているのに、野党議員がヤジを飛ばしたり、批判したり、怒鳴ったりしている。若者は、人を批判して傷つけたり、批判されて傷つけられることを嫌います。傷つけないように、傷つかないように、互いのふれあいを微妙にコントロールすることに非常に敏感です。怒鳴ったり批判したりすること自体が嫌いなのです。だから、国会という場で、大の大人が総理大臣を批判していることについて、何の意味があるのか、感じが悪い、となる。そして、「なんか、安倍さんかわいそう」という若者がとても多いのです。

安倍さんも野党議員にヤジを飛ばしたりしていて、これまでの政治常識からすれば品性に欠けることなのですが、これも若い人は、与党は日々政策を実行しているのに比べ、野党は何もしていないくせに、人の悪口だけ言っている、という感覚です。

安倍政権で有効求人倍率は上がったといいますが、最低賃金ラインでの雇用が増え、むしろ雇用条件は悪くなっている。労働分配率が下がってみんな貧しくなっていると、私たち学者はいうのですが、でも今の若者は、そもそも給与が上がらないのが所与の世代です。

収入が年々上がっていくというのはバブル世代までの感覚で、90年代以降に就職した人は基本的に給与は上がらないもの、場合によっては下がりかねません。それなら雇用が増えただけでもいいんじゃないか、と思っている。それに世界を見れば、大国も含めて非常に危うい指導者が目立つなか、日本は全然落ち着いているじゃないか、と。そうなると、やはり野党が与党を批判することの意味がわからない。

年配の人たちは、若い人たちに「あなたたちの将来はどうなるの？　自分たちの問題だよ。低賃金のままだと結婚もできないよ」と言います。では、野党が政権をとったら私たちの生活はよくなるのかというと、物心ついたときに民主党政権が失敗した若い人たちは、政権交代しても生活がよくなるとは限らないと思っています。だから現状維持しか選択肢がありません。

若者だって、今がよければいい、今のままで問題ないとは思っていないけれど、でもだからといってどうすればいいかわからないし、現状をそれなりに肯定するしかない。そうしなければ生きていけませんから。これが、若い人たちのまっとうな生存感覚じゃないかなという気がします。

民主主義とは

●民主主義と日本

――そもそも日本に民主主義は根づいていたのでしょうか。

民主主義というものは、日本云々以前に、ずっと安定して社会に定着していたものではありません。デモクラシーという言葉は2500年前にギリシャで生まれましたが、実は当時この言葉はそれほどよいイメージでは使われていませんでした。多数派の人間が、数にものを言わせて自分たちのエゴや利益を押し通す制度と受け止められていたのです。社会の多数というのは、だいたい貧しい人たちであり、その主張は「自分たちに飯を食わせろ」です。けっしてすべての人の公共の利益を達成するものではない――それが民主主義の基本的なイメージでした。

民主主義という言葉がよく使われるようになったのは、ここ2世紀の間にすぎません。20世紀、アメリカが二つの世界大戦、とくに第二次大戦に参戦し、ナチスドイツと日本の軍国主義と対決するにあたり、全体主義対民主主義を掲げて、「自由と民主主義を守るための戦争だ」とアメリカ国民を鼓舞したのです。以後、アメリカの教科書ではデモクラシーは正しいと必ず強調され、すべての人が学ぶべき価値観であるとされました。その価値観が20世紀の半ば以降全世界に広がっていったのです。日本の戦後民主主義も、そのなかで優等生だったわけですね。

このように、人類の歴史の大半の時代において「よいものではない」と言われてきた民主主義ですから、今でも民主主義が常に正しいわけではない、と批判する人たちがいるのは当たり前なのです。ただ、この2世紀で民主主義が何とか定着してきたのは、人口が増えて経済成長した時代だったからです。経済が成長すると、増えた分の成長の果実を分配できます。税金というかたちで成長の果実を集め、社会で厳しい境遇の人たちにも再配分できるようになったことで、すべての人に、社会の一員であることは悪いことでもないという感覚を満たせるようになりました。

ところが今は、経済の低成長時代。日本のように高齢化が顕著に進むと、社会保障費ばかりが増大します。成長の果実の再分配どころか、むしろリスクと負担をどう再配分するかという議論になってしまっている。特定の人・地域・世代に負担を押しつけることのないよう、なるべく公平に担いましょう、と。民主主義はつらいですね。

こういう問題には、誰も乗りたがりません。議論に参加しても、自分によいものが返ってくるとは限りませんから、負担があることには目をふさいでしまう。

民主主義は、今、ここにいる人たちの利益を最大化する仕組みですから、未来の世代のために配慮すべきと頭ではわかっていても、いざとなると何もできません。収入が増えないのに支出も減らしたくないから、財政破綻の可能性に目をつぶって赤字国債を発行し続けています。未来に向けて負担や問題を先送りする方向に機能してしまうという、民主主義の根本的な欠陥です。

これは世界の潮流でもあります。日本に比べて欧米ではちゃんと民主主義が成長して、主体的な個人がいて、議論を交わし、社会の一員として責任を持って社会を担ってきたとされていましたが、これもつくられた物語のところがあります。どの国も多かれ少なかれ、民主主義と、経済成長の果実を再配分することをセットで進めてきたわけですが、今は再配分できないために、民主主義が、いわば巨大な悲鳴と不満を表明する装置となってしまいました。

そして、負担を押しつけられた人たちの悲鳴に対して、政治家がその場限りの聞こえのよいことを言って、その人たちの心を少しでも満たそうとする。むしろ扇動する政治家すらいて、だから世界の政治がきわめて不安定になっています。

日本もまた、その一つであり、かつ、民主主義での成功体験が、ある意味少ないかもしれません。ほとんどの期間、自民党を中心とした政権で、政権交代をしてもよくならなかった。一票を投じて社会をよくすることのリアリティが欠如していて、信じられないのは無理もありません。

今はどこの国も、民主主義に対する不信感が高まっています。うまくいかない民主主義ではなく、一党独裁政権のほうが経済成長しているし、見直そうという議論もありますね。ただ、短期的に優秀な独裁体制はあり得ますが、歴史を見ても、安定して優れた独裁者を選び続けるという保証はありません。

民主主義は、めんどくさいし時間もかかりますが、より多くの人が参加することで、取り返しのつかないほどの失政を食いとどめることができます。独裁は、すごくよいこともあるけれど、すごく悪いこともあって、長期的に見れば、民主主義のほうがよいパフォーマンスをするのではないかと思います。今、民主主義は非常に不安定ですが、これを乗り越えてもう少しバージョンアップし、発展したかたちで安定する——今はその過渡期の苦しみと、私は信じたい。

私たちに求められること

●市民として、学校として
——民主主義をバージョンアップさせるために、私たちには何が求められるでしょうか。

民主主義というと、ルソーの「一般意志」のイメージが流布しています。一つの国民には一つの民意があって、それに基づいて政治が行われるのが民主主義である、という理解です。

もちろん、これが間違っているわけではないのですが、一つの民意なるものははたして本当に存在するのでしょうか。現実の政治とは、むしろ無限に分裂する多様な人々の営みです。考え方や利害の違いは永遠になくならないものであって、民主主義もそれを前提とするべきだというのが、現代の私たちにとってはリアリティがあると思います。

教育学で有名なデューイは、民主主義について、すべての人に実験を許す政治体制だと言っています。何が正解かはわからないので、すべての人が自分の人生を賭けて実験をすればいい、ただし自分が実験をする以上、他人が実験をすることも許さなければならない。平等性や寛容に基づいて、各自が自分で実験してみる。結果、うまくいかなかったら、自分で責任をとるということです。「革命」のように社会全体での実験はリスクが高すぎるので、一人ひとりが自分の手の及ぶ範囲で前向きに積極的に何らかの実験をし、その実験の結果がよければ他でまねをする、気づけば社会が変わっている、その体験を積み重ねていく――こういう民主主義のほうがよいではないかとデューイは言っているのですが、私もそう思います。みんながそれぞれの場所で実験をし、少しずつ社会をよくしていく、その積み重ねが民主主義ということです。

ただ、今の日本では、その実験することに対してみんな臆病になってしまっていることが問題といえます。民主主義を支えるためには、正解はわからないけどやってみよう、少しでも何かを変えてみようという、前向きな積極的な姿勢が必要であり、また同時に他の人に対してもそれを認めることが必要なのですが、それが一番欠けているのです。

ですから、「政治を変える」というと従来は一票を投じて自分の意見に近い政党が政権をとり、法律を変え、予算をつけてという何年もかかるプロセスを経るしかなかったわけですが、それとは別の方法として、私もやっているのですが、たとえば地域の社会的課題を自治体が整理して示し、市民団体がそれに対してアイデアを出していく、というものがあります。これだと選挙というプロセスも必要ありません。地方では介護や医療など行政だけでは回らなくなってきていますから、いろんなところがかかわって、アイデアを出し、実験していってよいと思います。

私の本籍地は島根県の隠岐の島で、そこに海士町という人口２３００人の町があるのですが、高齢化が進み、合併もうまくいかず、負債は累積するばかり。にっちもさっちもいかない状況のなか、若い人たちをIターンで呼び込みました。永住しなくてよいから一定期間この島に住んで、何かよいものがあれば提案してくださいと。すると、それを皆で商品化するという方式でいろいろと変えていき、今や若い人を中心に３００人以上が定住しています。小さな実例ではありますが、こういう実験をする自治体が今後どんどん増えてくると思います。

一方で大都市や官庁、大企業などは実験をしにくい風土があります。かといってそういうところをなかなか飛び出せない。チャレンジもできず飛び出すこともできない状況になっています。それでも、都市部に人口はなだれ込んでいる。非常にむずかしいところですが、今や自分の暮らす地域の選び直しが大切だと思います。自分と縁のない場所でもかまわないので、どこかに出かけ、自分ができるアイデアを出してみる。些細なことでよいのです。自分で草刈りや雪かきができないお年寄りの家を支援するとか、観光客をもう少し呼び込むためにはどうすればいいかなど、素朴なレベルで実験して取り組んでいくことが政治だと思うし、民主主義だと思うのです。

民主主義は別にたいそうなことではなくて、必要な社会サービスのすべてを行政に頼るのではなく、可能なことは自分たちの力でやり、社会の問題を自分たちで解決することです。それを重ねていくのが政治だし、民主主義。人任せではなく、自分でやっていくことなのです。日本では、政権交代をしてもよくならなかったために成功体験が少ないと言いましたが、社会実験を通じて社会を変えられた、よりよくしていけたという成功体験を積んでいってほしいです。

●学校でも成功体験を積み重ねる教育を

私はいろいろな地方の中学校や高校にお招きいただいて講演もしますが、みんな本当に社会に関心を持っています。「若者は政治に無関心で投票に行かない」というイメージとは全然違います。社会的関心があるのに政治と結びつかない。それは、自分たちの身の回りの社会課題に関心があっても、その先にある政治は、自分たちとは接点のない世界であると思っているからです。

ここが、学校教育にとっての突破点です。彼らの社会への関心を伸ばしていってあげることが、政治への関心を持つことにつながる一番よいルートだと思います。

アクティブ・ラーニングがいわれているなか、高校の「公共」の教科書でも、「このことについて考えてみませんか?」という記述がたくさんあります。そこで考えてみて、その次に「とりあえず何かはじめてみませんか?」と、つながっていく。『未来をはじめる』ではないですが、「はじめる」ことを後押しする方向に、これからの主権者教育が向かってほしいと思います。

投票も大事ですが、それとともに自分たちの身の回りのことを自分たちの力で少しでもよくしていくこと、その成功体験を重ねていくことが、自分の成長にもつながっていく――このサイクルができることが必要です。そしてその体験がやがて社会全体を変えていくにはどうすればよいか、という発想につながっていきます。自分の身の回りのことから、少しずつ広がっていき、やがて地域、国、そして全人類へ――このプロセスが大事なのです。

これまでの学校教育は、このプロセスの真ん中を全部飛ばして、いきなり国政の仕組みを教え込もうとしていました。そうではなく、もう少し身近なところから自分たちで社会を変えたという経験が最初に必要なのです。もちろん失敗してもよいのです。そこから学べるのですから。

民主主義は、自分たちが主人公という意識、自分たちの力で社会を動かしているという実感がないと、形骸化してしまいます。その感覚を取り戻すことがまず最初に必要であって、投票率を上げることだけに集中していても限界があります。急がば回れ。学校でも、先に述べた体験を積み重ねていく教育が、形式的なものに終わらないことを望みます。

――先生方にも、「未来をはじめる」ことが求められますね。

先生方も、自分たちで変えたという経験がなければ、いきなり子どもにそれを促し、励ましていくというのはむずかしいですよね。自分たちで考えて取り組ませるというのは、むずかしいことです。知識を教え込むほうがもちろん簡単です。でも、何年もかかるかもしれませんが、少しずつ成功体験を積むことで、引き出しが増えて、子どもたちの多様な実験に対して適切にアドバイスできるようになると思います。ぜひ積み重ねていっていただきたいです。

私がかかわりのある若い先生には、本当に熱心な方が多いです。ですから管理職の先生方には、この取り組みがさらに先生方の負担になって疲労するということにならないようにしつつ、先生方が子どもと一緒に考えていく教育を応援していただきたいと思います。

4章　これからの学校・教師

橋本典久
鈴木瑞穂
向谷地宣明

学校がうるさい！「苦情」増加時代の学校のあり方

騒音問題総合研究所代表　橋本　典久

運動会、体育館で弾むボール、チャイム、そして子どもの声――何も気にせず音を出し放題だった時代ははるか彼方。学校から出るあらゆる音が「うるさい！」と苦情の対象となる時代です。しかしいったいなぜ、騒音苦情が増えているのでしょうか。学校は、防戦一方のまま、これからの「苦情」増加時代を乗り切れるのでしょうか。「騒音学」がご専門の橋本典久先生にお話をうかがいました。

学校は「迷惑施設」か

●学校のあらゆることが苦情の対象に

――「騒音学」のご専門として、学校関係のいろいろな騒音問題をご存じだと思いますが、たとえばどんなものがありますか。

読者の先生方のほうがよくご存じでしょうが、教育活動中の子どもの声、チャイム、運動会、プール、体育館のボール、運動部活動、吹奏楽部、さらに文化祭開催合図の花火に至るまで、学校から出るありとあらゆる音が苦情の対象となっています。

実際、以前、熊本県の小学校が体育館から聞こえる子どもの声やボールの音がうるさいということで訴えられ、一千万円の損害賠償を請求されたケースもあります。

また、京都府の私立高校では、教室に空調機を設置することになり敷地の境界に室外機をずらっと並べたところ、近隣住民がその室外機の音がうるさいと言い出し、揉めて、高校が訴えられました。結局数年間争って、高校側が敗訴しました。

――なぜそんなに揉めてしまったのでしょうか。

地域住民は室外機を撤去しろという主張だったのですが、高校側は防音塀を建てて、環境基準の50デシベルよりも小さい音になったから問題ないと主張していたのです。

50デシベルというのは「ややうるさい」くらいの音で、行政の目標値として設定されています。表面的にはこの50デシベルを越えているかどうかが争われたのですが、その背後には、高校側は地域住民をクレーマー扱いし、一方地域住民も「何を言っても学校は何もしてくれない」という人間関係のもつれがあって、裁判にまで至ってしまったのです。

――空調の室外機までが苦情の対象となるなんて、学校はどうすればいいのでしょうか。

私は学校を、「静かな環境に立地する騒音発生施設」と言っていました。学校の立地条件の一つは、周りが静かな環境であることですね。工業地帯のなかにあえて建てられることはありません。つまり、その場で学校だけが騒音を発生させる施設なのです。

ところが、大阪大学の小野田正利教授は「迷惑施設としての学校」とおっしゃっています。「迷惑施設」とは、社会一般に必要とは受け止められるものの、地域にとって不都合があって近隣で合意形成がむずかしい施設のことです。

騒音でいうと、工場騒音や建築騒音、自動車騒音を「公害騒音」と言い、それらを発生させる施設が「迷惑施設」です。これらは騒音規制法で規制の対象となります。学校はこの規制の対象ではありませんが、確かに静かな環境のなかで一方的に音を出しています。

この「一方的に」ということに気をつける必要があります。学校の騒音トラブルは「お互いさま」が成立しないのです。一般の騒音トラブル、たとえばマンションで隣同士の音が聞こえるという場合は、こちらの音が向こうに聞こえ、向こうの音もこちらに聞こえます。お互いさまだから、隣には苦情は言いません。騒音トラブルが起きにくいのです。

でも、上階・下階の関係になると、上から下に向かって一方的に足音などが発生するだけで、下の音は上には聞こえません。だから下階の人が苦情を言います。

学校もこの関係と同じなのです。学校から一方的に音は出しますが、近隣から学校に対して音を出すことはありません。お互いさまが成立しない。その意味でも、騒音トラブルが起きやすい施設といえます。

●苦情は増えている？

――かつてよりも「うるさい」という苦情は増えているのでしょうか。

かつては、やはり学校は教育施設ということで尊敬され、公共施設一般に対する寛容性もありました。また、日本人の気質として、苦情自体を言うこともあまりなかった。ところが時代が変わり、日本人の気質も変わってきました。他人が出す騒音にかなり厳しくなってきています。それが、学校や保育所などの子どもの声に対する厳しい姿勢として表面化してきているのです。

はしもと・のりひさ

株式会社鴻池組技術研究所・主任研究員、八戸工業大学・大学院教授を経て現職。八戸工業大学名誉教授。専門は音環境工学、とくに騒音トラブル、建築音響、騒音・振動。著書に『近所がうるさい！』（KKベストセラーズ）、『2階で子どもを走らせるなっ！』（光文社）、『苦情社会の騒音トラブル学』（新曜社）など。

保育所を新たに建てようとしても、地

域の反対で建てられないという事例がよく報道されていますね。かつては保育所に対して苦情を言うということは考えにくかったのですが、でもよく考えれば、保育所は昔から変わらず音の発生施設であったのですね。

私の研究室で以前調査したところ、保育所の園庭で園児50人が遊んでいると、10メートル離れたところで平均70デシベルの音が出ていました。最大値は90デシベル弱でしたが、先ほど言った工場騒音の規制対象は、昼間は60デシベルなのです。それよりもはるかに大きい騒音が発生している。

ですから、「子どもの声が騒音と言うなんておかしい」と決めつけることには、正直無理があります。

●「騒音問題」が起きやすい学校とは

――「騒音問題」が起きやすい学校というのは、あるのでしょうか。

学校関係者からは、「学校が先にあって、その周りの住宅地は後からできたんだ。だから地域のほうがもう少し我慢すべきだ」とよく聞きます。でも、学校がそういう意識を持っていると、近隣への対応にもその上から目線がにじみ出てしまい、結果的に学校への苦情が発生しやすくなります。

ですので、このような上から目線の意識は持たれないほうがよいと思います。近隣の方は、たとえ後から移ってきたのであっても、うるさく感じずに生活する権利はあるわけですから。静かに生活するというのは、学校のそばではむずかしいかもしれませんが、うるさく感じずに生活する権利は住民にも担保されています。そのような環境づくり、雰囲気づくりが学校には求められるのです。

騒音に厳しい時代

●日本は雑音を楽しむ文化だった

──ご著書で「日本は『雑音文化』だった」とされているのが、興味深かったです。

長い間の風習と文化のなかで培われてきたものだと思いますが、もともと私たちは音に対して寛容な民族であったのは間違いないと思います。風鈴、ししおどしなど、わざと音をつくり出したり、秋の虫などの雑音を風流と言う感性を持っていました。このような雑音を楽しむ文化は、西洋にはありませんね。

でも、今はマンションの風鈴は苦情の対象となりますし、ししおどしも無理でしょう。そのような時代になったということです。

●煩わしさが許せなくなった日本

──なぜ、日本人は騒音に対して寛容でなくなってきたのでしょうか。

日本では、1997年を境にして急激に近隣に対する苦情が増えています。その要因としてあげられることは、一つは近所づきあいが極端に少なくなったのがこの年でした。また、バブル崩壊後の社会的な不安感の蔓延も影響しています。統計的にも、将来への不安を感じる人の割合が増えていて、そのような人ほど、近隣の騒音が気になるという統計的な相関もはっきりしています。

さらに、「耐煩力《たいはんりょく》」が低下してきています。これは煩わしさに耐える力です。現代の、生活環境が整った社会で暮らしている私たちは、煩わしさに耐える力が相対的に低下しています。このことも、各種調査結果から明らかです。

「遮音性能がよくなると、騒音苦情が増える」という逆説的法則があります。たとえば西洋と日本を比べると、昔から堅牢な石造りの建物に住んでいた西洋では、日本人と比べて他人の騒音にはるかに厳しいです。

ところが日本は木と紙でできた建物で暮らしてきましたので、他人の騒音に日常的にさらされていました。ですので、かつては他人の騒音に寛容だったのです。

つまり、騒音問題とは、物理的・技術的な問題では済まず、多分に人間の心理的な要素が含まれている。私は、騒音問題は「半心半技」だと言っています。心理的な要素が半分、技術的な要素が半分ということです。

これまでは騒音問題について、技術的な対応しか考えてきていませんでしたが、それでは半分の対応にしかならないので、騒音問題はどんどん増えてきてしまった。ですので、今後はもう半分の心理的な要素を押さえた対応をしていかねばならないのです。

「騒音」と「煩音」

●敵に備えて聞いてしまう

――「うるさいと思うほど、余計に音が耳に入ってくる」というお話も、よくわかります。

なぜ騒音をうるさく感じるかというのは、音の大きさの問題ではありません。ロックコンサートで１００デシベル以上の音のなかにいても、そこにいる人は誰も「うるさい」などと思いません。かたや、風鈴の音はほんの30デシベルですが、隣家との人間関係が悪ければ「うるさい！」と感じてしまう。

「うるささ」とは何かというと、その音にストレスを感じているということです。私は、このストレスは「敵意」ではないかと考えます。その音への敵意が心にあるから、うるさく感じてしまうのではないでしょうか。

動物は敵に備えねばなりません。そのために敵の発する音を真剣に聞きます。人間も動物ですから、その本能が残っているのではないでしょうか。普段はそう思っていなくても、敵意を持ったとたん、その音を一所懸命聞いてしまう。うるさいのなら聞かないようにすればいいのに、相手に備えて本能的に聞いてしまうのです。そしてますますうるさく感じ、敵意を募らせる。

つまりこれは、敵意を除けばうるさく感じなくなる、ということでもあります。隣家の鶏が朝早くから鳴き出すのがうるさくて仕方なかったのが、産みたての新鮮な卵をもらうようになってからはうるさく感じなくなった、などという事例はわかりやすいでしょう。

●「騒音」と「煩音」

私は、うるさい音には「騒音」と「煩音《はんおん》」があると言っています。「騒音」は音自体が大きく、耳で聞いてうるさく感じる音です。一方「煩音」とは、音はそれほど大きくなくても、相手との人間関係や自分の心理状態のためにうるさく感じてしまう音です。

なぜ分けるのかというと、それぞれで必要な対応が変わるからです。騒音対策は、ただ音を小さくすればよいのですから、技術的に防音対策をとるだけです。しかしそうは言っても、学校という施設で技術的に騒音を減らすことは非常にむずかしいです。すべての窓を二重窓にし、空調を入れる。それでも校庭は使わなければなりません。防音壁を建てたりすれば、かえって地域との関係を拒絶しているように見えてしまいます。

ですので一番に考えるべきは、騒音対策ではなく、煩音対策なのです。相手に誠意ある対応をし、人間関係をつくっていくことです。こちらのほうがよほど効果がありますし、費用もかかりません。

●学校と近隣の日頃の関係づくり

——学校が「迷惑施設」とならないために、近隣との関係づくりが必要ということですね。

学校も多忙でしょうけれど、やはり地域とのコミュニケーションをとっていくことは、今後間違いなく必要です。

その意味でたいへんおもしろい事例があります。長野県松本深志高校は伝統ある進学校ですが、かつては何もなかった学校周辺も近年は住宅に囲まれ、苦情が寄せられるようになりました。ですので、応援団は太鼓にタオルを巻き付けて叩き、軽音学部は真夏に窓を全部閉め切って目張りをしたうえで練習をするなどの対応をしていたのです。

しかし、ある生徒が「これでは問題は根本的に解決しない」と、地域との意見交換の機会を立ち上げようとしました。学校の後押しを得て協議会が設けられ、生徒たちは150軒以上を回ってアンケートをとったり、意見交換会への出席をお願いしたりしました。

意見交換会では、互いのことを何も知らなかったことが明らかとなりました。生徒は地域住民と初めて触れ合いましたし、地域住民も生徒が太鼓にタオルを巻いたり、室内で汗だくになって練習したりしているのを初めて知りました。学校も生徒もこれだけ努力されているのだから、地域もそれに応える対応をしなければならない、という意見も出るなど、良好な関係を築くことができたのです。

この事例には二つのポイントがあります。まず、生徒自らの発案で地域住民との意見交換の場をつくったことです。騒音トラブルをなくすためには、「節度」と「寛容」が必要です。音を出す側の「節度」と、音を聞かされる側の「寛容」ですね。このどちらかが欠けていては、騒音トラブルはなくなりません。

そして、相手のその気持ちをお互いが認識するためにコミュニケーションが必要ですが、その場を生徒がつくったというのがすばらしいところです。

もう一つのポイントは、このような心理的な要素の強い騒音トラブルは、当事者同士で話をすると、どうしてもこじれがちです。ですので本来は仲介者が必要ですが、アメリカと違って日本にはそんな制度はありません。

ところが松本深志高校では、学校と近隣住民の対立図式のなかで、音を出している張本人である生徒が、同時に仲介者的な立場も担っていたのです。生徒が間にいることで、対立のエスカレートを防ぐことができた。

この二つのポイントがたいへん興味深い取り組みで、学校の騒音問題の一つの解決モデルとなるのではと期待しています。

●学校にクレームが来たら?

——学校に「うるさい!」とクレームが来たら、どう対応すればよいでしょう。

最も大切なのは、相手をクレーマーだと思わないことです。そう思うと、口に出さずとも相手に伝わってしまいます。その結果、こじれてしまう。ですので、クレーマーだと思わず、嫌わず、身構えず、相手の言うことを「苦情だ」と捉えずに、相手の意見を真摯に聞くということが、最初の対応の最も大切なことだと思います。

先ほども言いましたように、学校と地域では「お互いさま」が成立しません。ですから、逆にWin-Winを目指すのです。両方にメリットがあるようなかたちを模索していくしかありません。

学校は、たとえば地域住民に学校行事へ来てもらうなど、地域にいろいろな配慮をするのです。住民にもメリットがあるようなかたちを考えることが必要です。

迷惑を許容する社会を目指して

——それにしても、苦情は増える一方ですね。

１９９７年の大きな変化から、私たちは他人の騒音を許さない社会に向かい続けてきています。騒音問題も増加し続けている。ですが、騒音を許さない社会を目指していけば、騒音トラブルは否応なしに増えてきます。ですから、目指すべきは騒音を許す社会です。そうしないと、騒音トラブルは減らないのですから。

そんなことができるのか？　と思われるでしょうが、そのためには先ほど言った「節度」と「寛容」が必要になります。そしてそのための人と人とのつながり、コミュニケーションです。

そもそも今、共同体は煩わしいと、好まない人が増えてきていますね。自分の仲のよいコミュニティは大切にしているけど、職場やご近所のようなところのつきあいは嫌だと思っています。これは、心地よさだけを求める社会で私たちが行き着いた「耐煩力」の低下によるものです。

しかし、共同体を避けていては「耐煩力」は低下し、騒音トラブルが増えるばかりです。共同体は本来煩わしいものであり、それを避けずに向かい合い、コミュニケーションをとることから始めなければなりません。その結果、騒音を許す社会ができていくのです。

学校の「ハラスメント」問題

株式会社インプレッション・ラーニング講師　鈴木　瑞穂

セクハラ被害をSNSで告発する「#MeToo」運動が世界的に注目され、日本でも某省キャリア官僚のセクハラ行為が耳目を集めました。これらは「あからさまなハラスメント」ですが、今、民間で問題となっているのが「グレーゾーン」のハラスメント。職場で家族写真を飾ったら「セクハラだ」と言われた、部下に指導したら「パワハラですよ」と反発された――被害を訴えられたら、すべてハラスメントなのでしょうか？　コンプライアンス研修を多く手がけられている鈴木瑞穂氏にお話をうかがいました。

そもそも「ハラスメント」とは

●「ハラスメント」の本質

――まず、「ハラスメント」とは何を指すのかを教えてください。

あらゆる組織には目的があります。その目的の実現に向けて実効的な活動を展開していくことがマネジメントです。そしてハラスメントとは、そのマネジメントを阻害するもの、すなわち「職場を健全に運営していくうえであってはならない言動」を指します。

今、セクシュアル・ハラスメント（セクハラ）、パワー・ハラスメント（パワハラ）を代表に、多くの○○ハラスメントが言われていますが、それらの本質はすべて、「職場を健全に運営するうえであってはならない言動」です。その内容が性的なものだと「セクハラ」と言われ、仕事上のやり取りにかかわることだと「パワハラ」と言われるということです。

「ハラスメント問題」を考えるにあたっては、まず本質をつかむことが大事であり、「○○ハラ」などと名前をつけて分類することにあまり意味はありません。

●グレーゾーンとは

――今、問題となっているハラスメントのグレーゾーンについて教えてください。

ハラスメントは、「あからさまなハラスメント」と「グレーゾーン」に分類されます。「あから

〈編集部注〉本記事は、『教職研修』２０１８年９月号の内容を再掲載したものであり、掲載当時の状況に基づいた内容となっております。

さまなハラスメント」は言動です。セクハラだと性的な言葉でからかったり、性的な行動をとったりすること、パワハラだと暴言を吐いたり暴行したりすること——これらはすべて言動ですね。

他方でグレーゾーンは、状況＝シチュエーションととらえてください。つまり、行為者の言動に対して、相手が何らかの理由から「それはセクハラだ」「パワハラだ」と反応するけれども、行為者の言動が「あからさまなハラスメント」だとは断言しにくい状況——これが「グレーゾーン」の特徴です。

日本全国、誰が見ても「それは職場であってはならない行為だろう」と断言できるケースであれば、それは「あからさまなハラスメント」ですが、そう断言できない状況はすべて「グレーゾーン」となります。

たとえば本でも紹介した、職場に家族写真を飾っている男性社員に対し、女性社員が「それってセクハラですよ」と指摘したケースが実際にあります。家族写真を会社のデスクに飾るという行為が「職場であってはならない行為」なのか——誰にも断言できませんね。でも、現に「セクハラだ」「パワハラだ」と主張する状況がある。これがグレーゾーンです。

また、同じ行為でも、行為者によって相手が「セクハラだ」と感じる／感じないということがありますね。ですので、「言動」ではなく「状況」と説明しています。

●管理職とハラスメント問題

——管理職が職場でハラスメントを放置すると、何が起こるのでしょうか。

「あからさまなハラスメント」は、多くの企業で懲戒処分の対象として定められているはずです。「職場を運営していくうえであってはならない言動」なのですから。

それを管理職が放置するというのは、その組織にハラスメント問題についての自浄能力がないということになり、他のあらゆるコンプライアンス問題についての自浄能力の欠如につながっていきます。たとえば、データを改ざんする企業が後を絶ちませんね。このように、コンプライアンス上あってはならないことなのに、自浄能力が機能せず、不祥事が起こる。露見したら、社会からの信用を大きく損なうことになります。

次にグレーゾーンについては、二つの弊害があります。一つ目は上司側の弊害です。すなわち、部下指導、後進育成という職務が放棄される可能性です。上司としては「当たり前」と思ってやったことに対し、「セクハラだ」「パワハラだ」と言われると、今後は「面倒くさいことにならないように」と部下とは事務的なこと以外は口をきかない、となる可能性があります。

これは、構成メンバーが入れ替わり続けていく一方で、取り扱う

すずき・みずほ

法務・コンプライアンス分野の講師として、上場企業の研修・教育で活躍中。豊富なキャリアに基づいたわかりやすい講義で好評を得ている。主な著書に『現場で役立つ！ハラスメントを許さない現場力と組織力』『現場で役立つ！　セクハラ・パワハラと言わせない部下指導』（日本経済新聞社）など。

商品やサービスの質を落としてはならない企業にとって、危機的な状況です。質を維持していくためには、人を育てることが必要不可欠ですから。

グレーゾーンの二つ目の弊害は、相手方のものです。「セクハラだ」「パワハラだ」と思った気持ちが、決着のつかないまま残ってしまう。一般にグレーゾーンは類似事例が続発する傾向があるので、管理職が一つのグレーゾーンを放っておけば類似の事例が積み重なっていきます。それに伴い、相手方のフラストレーションが積み重なり、プレッシャーとなる。そのプレッシャーがストレス耐性を超えると、メンタルヘルス不調の原因となってしまうのです。

当該社員にとっても不幸なことですし、企業の安全配慮義務違反という法的責任が問われる事態へと発展していきます。

●ハラスメントの発生原因

――セクハラ、パワハラは、なぜ生じるのでしょうか。

もちろん、セクハラについては性欲やその人の性格・性質に起因することもありますが、「男と女の役割」といった個人的な価値観が原因のこともあります。行為者は、自分の性格・性質や価値観に基づく言動をとっているだけなので、「悪気はない」と考えています。

またパワハラについては、「業務の適正な範囲」についての行為者と相手方との認識のずれが、唯一の発生源です。平たく言うと、仕事の目的・手段・内容、それに伴う相手への言い方・伝え方などを総合してできあがる「仕事の仕方」についての認識が、行為者と相手方の双方で異なっていると発生する、ということです。

人間誰でも、自分の価値観と異なることを指摘されると、違和感・疑問・反発を抱くものです。ただ、かつてはそれらを抑える「フタ」がありました。先輩・上司の指示には従うものだという風潮がありましたね。その風潮が「フタ」だったのです。

とくに団塊の世代が中堅・若手を占めていた高度経済成長時代、社内の大勢の競争相手に負けないために、個人は自己抑制のフタを身につける必要がありました。自分の好みや考えを抑え込んで、会社の望むように周囲よりもたくさん働くことが求められたのです。

ところが今は、自分を犠牲に働いたところで、給与が上がったり、昇進できたりする時代ではありません。下手をすれば、自分の精神と肉体にも負荷をかけてしまいかねない。

こうして社員は、上司の指示に従うという自己抑制のフタを捨て去りました。自分を犠牲にしてまで仕事に取り組むというよりも、自分の好みやプライベートといったものも大事なことだと考えるようになったのです。そして、この自分の価値観と異なることへの違和感・疑問・反発を表すときに便利な言葉が、「パワハラ」です。

「あからさまなパワハラ」も「グレーゾーン」も発生原因は同じです。管理職が、かつて自分が受けた指導を「自分もこうやって育てられた。当然のことだ」と思い、部下にも同じように指導してしまうというのは、よく聞く話ですね。

よく考えてみれば、セクハラもパワハラも、今、私たちがそう表現していますが、昔のほうがそれに当てはまる現象はたくさんありました。集団ができるとそのなかでのいじめや性的からかいなどは必ずありました。

そしてそれらは昔から「あってはならないこと」とされていたけれど、それが今、セクハラ、パワハラという言葉がつくられ、流行したことで「言葉の武器」になっているということです。つまり、常識が変わったのです。私はこの「言葉の武器化現象」が、社会の基本的な認識として必要だと考えています。

この現象は、三つのステップからなります。第一に新しい言葉がつくられ、第二にその言葉が流行語になる。第三にその流行語が既存の状況や言動を攻撃し始める。その結果、昔の常識が今の非常識に変わるのです。世の中の「喫煙」に対する常識の変化を見れば、よくわかりますよね。

学校のハラスメント

●女性教員の「お酌」はセクハラ?

――先生方の飲み会で、女性の先生が「えらい」先生にお酌して回っているところを見るのですが、これはセクハラでしょうか。

今の質問のされ方で気をつけたいのが、「何がセクハラで何がセクハラでないか」という境界線をつい求めてしまいがちですが、その先は「じゃあ、これは?」「それなら、これは?」と解釈の泥沼に陥ってしまうということです。「NGワード集」を作成したところで、ハラスメント問題の解決には結びつきません。

大事なのは、ハラスメントの本質から考えることです。本質とは、「職場を健全に運営するうえであってはならない言動」でしたね。「女性にお酌をさせるのはセクハラだ」と誰かが訴えたとします。その訴えをまずは受け止めます。今、「セクハラ」という言葉は完全に定着して、その言葉を使うことは誰にも止められませんから、頭ごなしに反論しないことが必要です。

その訴えを受け止めたうえで、事実を調査し、相手が「セクハラだ」と感じたことに合理性・妥当性があるかないか、つまりその行為が「職場を健全に運営するうえであってはならない言動」なのかどうかを検討したうえで、最終的な結論を出すのです。

なぜセクハラの「グレーゾーン」がむずかしいかというと、「相手が『セクハラだ』と思えばセクハラになる」と、多くの人が考えているからです。でもこれは、不十分な考えです。そうではなく、ハラスメントの本質から検討しなければなりません。

女性のお酌に関していえば、今、多くの民間企業で「女性だけがお酌を強要されるのは、今の世の中ではセクハラだろう」と認め、やめています。「多くの組織でやめているから、セクハラに当たる」というのは、一つの判断材料になりますね。

――「いじめ」と構図が同じだと感じました。「いじめられた」と訴えがあれば、事実関係を調査せねばなりません。他方でトラブルやいじりなどの「グレーゾーン」も存在します。

本質は同じです。子どもの間で起きれば「いじめ」、大人の間で起きれば「ハラスメント」と言われているにすぎませんからね。

●イマドキの部下指導

――先ほどもお話にありましたが、「それってパワハラじゃないんですか」と返してくる若手にどう指導していけばよいでしょうか。

パワハラの自己流解釈にとらわれないことです。すなわち、「強制するとパワハラになる」「相手がパワハラだと思えば、パワハラになる」と思っていると、部下にそう言われたときに腰が引けてしまいます。

そもそも、訴える側も、管理職の側も、パワハラの定義*をちゃんと読んでいない方が多いのではないでしょうか。だから自己流解釈がまかり通っているのです。管理職の言い方などの問題ではありません。まずは皆で定義を理解し、自己流解釈を払拭することです。

定義には、「業務の適正な範囲を超えて、精神的・身体的苦痛を与える又は職場環境を悪化させる行為」とありますね。これは裏を返せば、「業務の適正な範囲」に含まれている行為はパワハラではない、ということです。

管理職が指示・指導・注意・命令をするときに、「その業務の目的」を認識し、その目的達成のために必要・有効・妥当であると組織で共通理解ができていれば、部下が「パワハラですよ」と言ってきても、管理職は自信を持って「これはパワハラではない」と返せるわけです。

――学校の教育目標は抽象的なところもあり、また日ごろ意識されていないこともあるので、企業と違って「目的のもとに」はっきり指導できないかもしれません。

すべてはそこに集約されるでしょうね。ですが、企業もよく不祥事を起こしています。よく誤解されますが、企業の目的は「売上げ」ではなく「存在し続けること」、つまり世の中から必要とされることなのです。

そのためには、従業員に気持ちよく働いてもらわないといけませんし、役所から疑われるようなことはしてはいけない、消費者の信頼を失うこともしてはいけないのです。売上げを上げることは手段であり、世の中から必要とされることが目的なのです。その手段が目的になると、不祥事につながってしまう。

この構図は、学校も同じだと思います。学校は、子どもたちにテストでよい点をとらせることが目的なのでしょうか？　何が目的で、何が手段なのかをまずはっきりさせないといけません。その目的があって初めて、それを実現するためのマネジメントがなされ得るのです。

そしてこの目的は、誰かがつくってくれるものではありません。目的をつくるのは管理職の役割です。

管理職とハラスメント問題

●管理職に求められること

＊「同じ職場で働く者に対して、職務上の地位や人間関係などの職場内の優位性を背景に、業務の適正な範囲を超えて、精神的・身体的苦痛を与える又は職場環境を悪化させる行為」（厚生労働省、２０１２年1月30日発表）。

――職場のハラスメント問題に、管理職はどう対応しなければならないでしょうか。

管理職でも一般社員・教職員でも、誰かのために働いて稼いでいる人間として、法令違反を指摘されるような働き方をしてはいけません。それと同じで、「それってセクハラですよ」「パワハラですよ」と言われるような働き方もしてはいけないのです。

そのためには、まずハラスメントの本質と定義を理解しなければなりませんし、何よりその根底には「常識は変わっていく」という認識が必要です。

そのうえで管理職は、一般社員・教職員の働き方を見て、グレーゾーンが起きたら先送りや放置をせずにそのつどさばいて白黒の結論を出し、当事者に伝えて納得させ、再発を防ぐことが求められるのです。

セクハラについては、「あからさまなセクハラ」の場合には、セクハラになるか否かの解釈で悩むことはないはずです。懲戒案件が発生したのですから、現場の管理職としては担当部署に通報する。これが唯一の対応策です。グレーゾーンについては、まず「セクハラだ」と主張している相手方の気持ちを受け止め、そのうえで綿密な事実調査をして相手がセクハラと感じたことの合理性・妥当性を判断するための判断材料を探すことが必要です。これは研修で管理職のスキルアップを図ることで、ある程度対応可能です。

ただ、セクハラ問題には価値観の対立から生じる究極的なグレーゾーンがあります。たとえば前述の家族写真の話がその典型例ですが、これはファッションの問題と同じです。ファッションは基本的に個人の好みや価値観の問題であり、そこには善悪・優劣は存在しませんね。ある服装の善し悪しについて当事者間で話し合っても平行線です。

このようなグレーゾーン問題に対処するためには、グレーゾーンの案件を集約して、一つずつ協議し、理由・判断・結論を積み重ねていくことで、解釈基準＝ガイドラインを組織的に作成していくということが必要です。これができるのは、経営責任を負っている管理職です。

またパワハラについては、真っ黒なケースは意外と少なく、ほとんどのケースは「業務の適正な範囲」についての当事者間の認識・解釈のずれから生じるグレーゾーンです。これもいわば価値観の対立から生じる問題なので、当事者間の話し合いでは解決されません。

したがって、パワハラのグレーゾーンについても、管理職や個々の社員・教職員のスキルアップだけでは解決し得ない問題ですから、グレーゾーンの案件を集約して、一つずつ協議し、理由・判断・結論を積み重ねていくという継続的な組織的対応のもとでガイドラインをつくっていく必要があります。

管理職や個々の社員・教職員のスキルアップだけではなく、経営責任者層が組織的対応をリードしていくという側面がないと、現場からハラスメント問題をなくすことはできません。

〈編集部注〉職場でのパワハラやセクハラを防止するための女性活躍・ハラスメント規制法が2019年6月に公布されています。詳しくは、厚生労働省のホームページをご覧ください。

安心して絶望できる学校ですか？

コミュニティホーム「べてぶくろ」主宰／NPO法人BASE代表理事
向谷地　宣明

いくつかの調査から、日本の子どもたちの自己肯定感が諸外国に比べて低いことが明らかになっています。その処方箋の一つとして、悩みや苦しみを分かち合える文化＝安心して絶望できる学校をつくることが考えられます。その文化を大切にする「べてる」の「当事者研究」について、向谷地氏にうかがいました。

「ありのまま」をよしとしない社会を映し出す学校のなかで

――日本の子どもたちの自己肯定感の低さが問題視されていますが、実際にはどういう影響があるのでしょうか。

自己肯定感が低いというのは、「他人に認められたい」という他者評価に重心がかかっている状態だともいえます。いつも周囲の目を気にするようになったり、ちょっとでも誰かに嫌われたら深く傷ついたりするようになってしまったりして、生きづらさを感じている人が多いのかもしれません。

学校が自己肯定感を低くするような環境であってはいけないというのは、みなさんの総意だと思います。でも、それって実はむずかしいことかもしれません。というのも、私たちが生きている資本主義社会の根幹に、「現状を肯定しない」ことがあるからです。

みんなが現状の自分でよしとしてしまったら、資本主義経済は回らなくなる。「私はまだ自分が持つべき物を持っていない」など、本来あるべきと考える自己像とありのままの自分とのギャップがあるほうが、消費はより駆動します。なぜなら、現代社会に生きる多くの人は、消費のスタイルを通じて自己実現するものだと信じているからです。そうなると、自分で自分のことを受容したり承認したりするためには、「まずはお金を」ということにどうしてもなってしまいます。

実際、そういう消費者的自己が子どもたちにも深く浸透している。メディアも広告も「まだ持ってないの？」「まだやってないの？」「最新の流行に乗り遅れるな」と煽ってきます。ですから、ありのままの自分を否定して、「だからがんばる」という構造が、そもそも私たちの社会の前提になっているのです。学校でも、学ぶということの楽しさとか、知的好奇心を脇に置いて、「これをやっておかないと将来困るぞ」「これを身に付けておいたほうがキャリア形成に有利だ」といった感覚が先行しているようにも感じます。

自己肯定感を育むうえでは、「強さ」も「弱さ」も含めた「ありのまま」の自分が受け止められる関係性が大切ですが、学校制度にも「ありのまま」をよしとしないメカニズムが組み込まれている。それが当たり前になっているからこそ、むずかしい問題だと思うんです。

――がんばり続けることや他人から評価されることが「普通」の学校では、自己肯定感を高める取り組みを奨励してバランスをとる必要がありそうです。

そのためには、やっぱり「弱さ」や「苦労」をどうとらえるかが大事だと思うんです。学校生活では行き詰まりや苦悩にどうしたって出会います。べてるの家には、「経験は宝」とか「それで順調」という言葉がありますが、子どもたちの苦労は、単純に取り去ったり、あきらめたり、誰かに丸投げしたりすればいいということではなく、むしろ生きづらさを解消していくための大事な経験として前向きにとらえ、「苦労の主人公」になっていくことが大切です。そのうえで自分の助け方を探していく営みが「当事者研究」なんです。

自分自身で、ともに変わっていく当事者研究のエッセンス

もともと「当事者研究」は、北海道浦河にある「べてるの家」が発祥で、幻聴や妄想などの精神疾患を持った方たちの自助活動からはじまったんです。本人も、家族も、支援者も「どうしたらいいかわからない」。前提にまずその「無力さ」があって、答えがない世界のなかで本人を交えて一緒に研究をしていく、という中から生まれた活動です。たとえば、幻聴があったら「幻聴でどう聞こえるか」とか「幻聴とどうつきあっていったらいいか」などを研究したりします。ほかにも、金欠の研究とか、いろんな恋愛の研究とか、見える幻覚の研究とか。いまや研究事例は1000以上にのぼります。

当事者研究の目的は、よりよく生きること、生きやすくなることです。そして、「自分の助け方」をより豊かにしたり、選択肢を広げたりする。たとえば、今まででは引きこもるしかなかったけれど、それ以外の方法が取れるようになってくるとか。

むかいやち・のりあき

北海道出身。国際基督教大学卒業。社会福祉法人「浦河べてるの家」の精神障害を体験した当事者たちとともに育つ。現在、コミュニティホーム「べてぶくろ」主宰、医療法人宙麦会理事、MCMedian代表取締役等を務めながら、全国各地で当事者研究のノウハウの伝授や講演会、イベント等で活躍中。

ここでいう「自分の助け方」とは、必ずしも苦労の根本である問題の「解決」を目指していません。そもそも精神障害のような慢性疾患は、完全な治癒という状態に至ることはむずかしいといわれています。それでも、いろんな人たちと語り合い、自分や他者の経験のなかに眠っている知恵を分かち合えば、問題そのものが「解決」していなくても、「解消」されることだってある。「ありのまま」の自分を変えるのではなく、苦労に対する向き合い方を変えるだけでも自分を助けられることがあるんです。だから、当事者研究では「自分自身で、ともに」を重要な理念の一つとしています。

――「ともに」を実行するには、自分の弱さや困り事を他人と共有しなければいけません。それは、かなり勇気がいる気がします。

べてるでは、ちょっと違う認識をしています。

この社会には生きづらいことがたくさんあります。そのなかでも、心を病むというのは、いわばその人の苦悩が最大化した状態なんですね。でも、幻聴や妄想といった独特の症状の世界を語れば、周りから変な人だと思われないかと、口をつぐんでしまう。すると、ますます周囲の理解を得られず、病気を悪化させ……という悪循環に陥ってしまうわけです。

本来、自分の弱さや困り事を他者に見せること、「弱さの情報公開」は、自分の助け方を探していく起点となるんですが、苦労を他人と共有するのは「勇気がいる」「恥ずかしい」「隠すべき」という世間のつくり出したイメージが、それを妨げています。

「正常化の権力」と呼んだりもしていますが、ちょっとでも「変」なところがあると、社会ではただちに「異常」を検知されてしまう。そのような環境では誰もが語りを封印し、沈黙せざるを得なくなります。だから全然「安心して絶望」できない。安心して病気を出したり、苦労を語ったりできないのです。ですから、べてるでは、精神疾患を持った方たちだけが治ればいいということではなく、この社会全体が変わっていくことに究極の回復があるのでは、と考えてきました。その流れのなかで生まれたのが、当事者研究だったんです。「安心して絶望する」とはそういう意味です。

もし子どもたちが苦労を開示できないなら、それは先生や保護者にとっても同じはずです。自分やその周りの大人たちが何らかの苦労を抱えたとき、やっぱり他人と共有できなくなってしまうかもしれない。だから、学校のなかでも弱さの情報公開を行えるようになること、「安心して絶望できる」場所であることが大切だと思うんです。

「弱さを絆に」という言葉に象徴されるように、べてるを語る重要なキーワードにはやはり「弱さ」があります。「強さ」で連帯している人たちは世の中にたくさんいますよね。会社なんてだいたいそうです。能力があるから採用されて、そうでなければリストラされたりするわけですから。

反対に、べてるでは「弱さ」が大事だといわれています。たしかに人は「弱さ」を抱えた存在です。でも、べてるでは当事者一人ひとりを「弱者」として想定しているかというと、それはちょっと違います。そこはむしろ逆なのです。精神障害を抱えた当事者は絶えず管理されたり、いつも世話されたり、指示されたりしなければいけない存在ではない。「当たり前の苦労」を取り戻し、自分の言葉で語り、自ら仲間と連帯しながら生きていく、一人ひとりがそんな「力を備えた存在」として尊重される。「弱さを絆に」とか「非援助の援助」とか「苦労を取り戻す」とかの基調にあるのは、このような感じではないかと思います。

そして、それは子育てや教育についても同様のことがいえるかもしれません。子どもを「弱者」と想定することは容易です。ある意味においては実際にそうかもしれない。そしてたいていの場合、そこから強く求められるのは「ふつう」になることです。それは生物の生存戦略として考えれば間違ってはいません。それゆえに、この「ふつう化（正常化）」の圧力は非常に強力なのです。

そんななかにあって、べてるでは、「三度の飯よりミーティング」を合言葉に、頻繁に弱さや困り事を共有し、苦労を分かち合っています。また年に1回、タブーとされがちな幻聴や妄想などの経験を、大勢の人の前でユニークに発表する幻覚&妄想大会を開いています。笑いに包まれた会場には、「いい苦労をしているね」と弱さの情報公開を肯定する空気感があります。

一昔前は、幻聴や妄想などの精神疾患を持った方たちは、病院の過剰な投薬や厳しい管理と保護のもとに、支援者とは一定の距離を置かなければいけない、なんて言われていました。

たとえば、「がんばれがんばれ」という幻聴が、子どものころからずっと聞こえていた人がいます。その声にしたがってがんばり続けた結果、入院することになった。その人がある時、東京の製薬会社の講演会に主治医の先生と出席してこう言ったんです。「分裂病は友だちが増える病気です」「お願いですから幻聴がなくなる薬は作らないでください」って。聞いていた人たちは冗談と受け取ったかもしれませんが、彼はいたって本気で言ったのです。

もちろん、幻聴がなくなってよかった人もたくさんいますが、幻聴に助けられている人たちもまた、たくさんいるんです。さらにいうと、彼は病気になって仲間とつながって、3枚だった年賀状が60枚に増えた。それは自分が病気になったおかげだと言うのです。

医師や研究者、そして教師といった専門的知識・技術のある人たちは、苦労に対する支援の目的や方法を一方的に決めてしまいがちです。でも、自分の助け方の決定を他者にばかり委ねていると、いつの間にか当事者として苦労と向き合う経験が奪われてしまう。すると、うまくいかなかったときは「支援者の失敗」ととらえてしまうかもしれないし、うまくいったときも「自分の成功」とは思えないかもしれません。本来、苦労を通じて身につけるはずの生きる力が身につかないんです。

人は、苦労を味わうからこそ、学びたいこと、挑戦したいことも出てきます。だから、子どもたちが自分の苦労を誰かに預けているとしたら、あるいは誰かが子どもたちの苦労を奪っているとしたら、「自分自身で」苦労を取り戻すようにしてください。そのうえで支援者は、子どもたちのニーズに沿うかたちで、「ともに」助け方を探していくんです。

ここで大事なのは、目の前の苦労に対してはみんな「無力」である、という自覚を出発点にする「無力のアプローチ」です。ややもすると専門的知識・技術を持っている方たちは、「病気を治そう」とか「問題を解決しよう」とか、あらかじめ持っている答えを当てはめようとしますが、いくら科学的な根拠があっても、納得できなかったら行動変容に結びつきません。

また、その弱さや困り事は「治さなきゃいけないもの」なんだ、「解決しなきゃいけないもの」なんだと、かえって子どもたちの悩みや症状を深めたり、世間のネガティブなイメージを形成したりする可能性があります。

それでは、ますます子どもたちは心を閉ざし、安心して絶望できる学校から遠ざかってしまう。見えている症状の後ろには、その子だけの苦労があって、本当は一人ひとりの助け方も違うんです。そして、強さも弱さも含めた「ありのまま」の自分だからこそ、強く豊かな人生を送れるんです。

だから先生たちには、子どもたちの苦労に耳を傾け、対等な関係で知恵を出し合いながら、「ともに」新しい自分の助け方を生み出していってほしいと思います。無力のアプローチができるようになると、支援者を縛っている専門性から解放され、反対に子どもたちから苦労の向き合い方を学んだりして、先生たちを救うことにもつながるんですね。

ぜひ学校で一人一研究をやってみて、弱さを絆にしながら、学校のなかから社会全体を変えていってください。

当事者研究の先に、学校を変える宝はあるか

——当事者研究に、決まったやり方はありますか？

定型化されたやり方はなくて原則自由なんですが、いろんな場所で行われている当事者研究を見ていくと、だいたいのところでは、まず、自分の抱えている苦労のなかから研究テーマを決めます。次に、その苦労によって、何がどうなっているのかという状態を明らかにします。そして、どんな状態にどう対処してきたのか、その結果はどうだったのかを見きわめ、その結果と当事者のニーズをふまえて、どうすればいいのかという具体的な自分の助け方を探していきます。

メンバー構成は、マンツーマンもあればグループのパターンもあります。似たような苦労を持った人たちが集まることもあれば、立場も研究対象もバラバラの人たちが集まる場合もあります。ただし、進めていくうえで共通に注意したいのは、「人」と「問題」を一緒にして、その人自身を問題扱いしないことです。人と問題を切り離す外在化をして、問題の部分だけを話し合うことが必要です。そのために、たとえば「リレー競争でビリになったからクラスメイトに合わせる顔がなく、毎朝登校するのがつらい」という子どもがいたら、「学校に行ったら友だちから悪口を言われるんじゃないか」というマイナス思考のことを外からやってくる「お客さん」と呼んだり、幻聴のことを「幻聴さん」と呼んだりと、ユニークな自己病名をつけます。自己病名をキャラクター化しホワイトボードに描いて、わかりやすく表現することもあります。起きている現象

に名前をつけて対象化する、ということですね。子どもは、そのキャラクター化が上手です。

こうやって、対象化して問題をとらえることができれば、その問題とのつき合い方を前向きに研究していけるんですよ。

――自己病名をつけるのは、言語のセンスが求められそうですね。

当事者研究というのは、見方を変えると、言語化を応援する活動でもあります。言語はコミュニケーションツールであり、人が物事を認識するためのツールですから、どのような苦労をし、その経験からどういう宝を得て、どう自分を助けていくかも丁寧に言語化できないといけません。だから当事者研究では、うまく言語化できないときに一緒に考えたり、わかりにくい表現を言い換えたりして、言葉を引き出して気持ちや現象を言語化していきます。すると、これまで考えもしなかったような認識を、いつしか自分も周りの人たちも得られるようになるんです。べてるでは、そのためにもよくミーティングをしています。

最近は、当事者研究に取り組む子どもたちも、小学校から高校までどんどん出てきています。日常生活で疑問に思ったり、なんとかしたいと思ったりするような「現象」について家族や友人や先生の意見やアイデアを盛り込みながら、「何が起きているのか」を中心に考察していきます。

当事者研究を実際にやってみてもし行き詰まりを感じたら、いつでも私たちのところに相談に来ていただいて、研究のやり方を共に試行錯誤していけたらと思います。当事者研究に関する書籍もいろいろなところから多数出版されていますので、そちらもあわせて読んでみてください。

5章　未来をつくる子どもたちの力と学び

為末大
井庭崇
岸田一隆
隅田英一郎
今井むつみ

「個人の時代」を生き抜くための「主体的な学び」

Deportare Partners 代表　為末　大

今の「働き方改革」の先には、「働き方を自分で決める」時代が到来します。個人の自由度がより高まるなかで、会社等が用意した仕事をこなすことだけが求められていた時代から、個人が自分で考え、選び、判断していく「個人の時代」です。この時代を生き抜くための教育として主導されるのが「主体的な学び」ですが、その流れに警鐘を鳴らすのが、元プロ陸上選手の為末大氏。「自由度があまりに高い環境で伸びるのは、超一流だけ」――詳しくお話をうかがいました。

「個人の時代」とは

●「自由にしていい」は、責任が大きい

——これからは「個人の時代」だとおっしゃっていますが、どのような時代でしょうか。

自分の自由に選択していい。だけどあなたの責任だよ、ということだと思います。今の「働き方改革」を突き詰めるとそうなっていきます。要するに、自分の時間を自由にしていい代わりに、成長するかどうかは自分の責任であり、またその結果人生に大きな違いが出ても、自分の人生で責任を取るということなんだと思います。

選択肢があるということは、個人の責任が重くなる。否応なく自立していることが求められますし、自立できていない人にとっては苦痛だと思います。

これまで市場は、「指示を的確にこなせる」という意味での質の高い人材を必要とし、学校教育にもそのような人材の育成を要請していました。

ところが昨今、日本は人口減少に直面し、市場はこれまでのような拡大路線では困難であることがはっきりしました。名の知れた大企業ですら先行き不透明な社会です。

一企業に正社員として勤め上げるという雇用形態も、変わっていかざるを得ません。そのための「働き方改革」であり、自分が生きていく道を個人が主体的に考え、選択していかなければならなくなったのだと思います。

ですが、多くの日本人は、高校卒業時点や大学卒業時点まで、「あなたはどんな人生を生きたいのですか？」と問われる場面はほとんどありませんでした。個人で主体的に考え、選択する機会がなかった人々が「個人の時代」に直面して戸惑っている——僕たちは、今ちょうどその過渡期にいるのだと思います。

「個人の時代」に求められること

●「言われてする」ことからの脱却

——「個人の時代」を生きるために、人々にはどのようなことが求められるのでしょうか。

エアコンで考えてみましょう。昔のエアコンは、暑かったり寒かったりすればそのつどスイッチを入れていました。それがあるとき、温度設定という機能が登場しました。設定した温度より気温が上下すると、勝手にエアコンが調整してくれます。そして今後は、個人ごとに好みの温度が設定されていて、顔認証によって個人に応じて適宜温度を変えていく時代が到来すると思われます。

何が言いたいかというと、エアコンは機能が向上していますが、あくまでもその機能は、人間から与えられた「目的」に対応したものだということです。人も同じで、いくらできることの質が上がったとしても、目的が与えられて「言われてする」だけだと、今後テクノロジーの発達に取って代わられてしまいます。

それでは人は何をすればよいか。それは、「そもそもの目的」を考えることです。機械にできる仕事は機械に任せる。そして人間にしかできないこと、つまり「言われてする」のではないことをしていくことです。目的を考えたり、伝わるように表現したりするということは、「言われてする」ことではありませんからね。

――「表現しなさい」と言われて行うのは、「表現」ではないのですね……。興味深いです。

●「限界の檻」からの脱却

――個人が「限界の檻」からどう脱出すればよいか、ということも言われていますが、「個人の時代」の生き方にも通じると思います。

「人間の能力の本当の限界はどこにあるんだろう?」と考えたときに、私たちは「本当の限界」の手前に、「認識の限界」を持っていて、それで自分で自分に抑制をかけているのではないか、

ためすえ・だい

1978年広島県生まれ。スプリント種目の世界大会で日本人として初のメダル獲得者。男子400メートルハードルの日本記録保持者（2019年11月現在）。現在はSports × technologyに関するプロジェクトを行うDeportare Partnersの代表を務める。新豊洲Brilliaランニングスタジアム館長。主な著書に『走る哲学』（扶桑社）、『諦める力』（プレジデント社）など。

ということです。

本当は、そこは限界ではないかもしれないのに、「自分はここが限界だ」と思い込んでいる。スポーツでも、選手が「無理だ」と思っていた壁をポンと乗り越えることがよくあります。「本当はもっとできたんだ。自分で思い込んでいただけだったんだ」と気づく瞬間があるのです。

これは、「自分で自分にレッテルを貼っている」ということなのですが、ここで大事なのは、そのレッテルは自然に生じるものではないということです。人が生まれ育っていくプロセスのなかで、「キミはこうだから」「みんなこうしてるんだから」など、悪意のある言い方ではないけれども、社会の側からさまざまに働きかけがあって、結果、自分で自分にレッテルを貼ってしまっているのです。

もちろん、みんなが自分にレッテルを貼ることが共通化されていると、世の中はすごくスムーズに動きますよね。「静かな場所では騒がない」というレッテルをみんなが貼っているから、ちゃんと静けさが保たれる。

とくに日本ではこの傾向が強いように思われますが、一方でその思い込みを打破することが、「限界の檻」から脱出するためのポイントだと思っています。

「個人の時代」と「主体的な学び」

●そもそも「主体的」とは

――日本で「主体的な学び」が進められていますが、「主体的」（「主体性」）とは具体的にどんな意味だと思われますか。

私はアメリカに長くいたのですが、アメリカでは幼稚園の段階から“Show and tell”（聴き手に自分が好きなものなどを説明する活動）を徹底的に行うなかで、子どもたちに「あなたは何者か」ということ、つまり「個人」を意識させています。

「個人」であることを常に意識させることが、個人で考え、選び、判断し、「自分で主体的に生きる」ことにつながっていきます。

一方これは、西洋的な「個人」であることにも注意が必要です。人口でいうとインドや中国のほうが多いですし、アメリカが一番ズレている可能性だってありますから。

そのうえで、私が考える日本人の「主体性」とは、次のようなものです。

5人の人がいるなかで、2人がケンカをしていて雰囲気が悪いとします。さて、あなたはどうしますか？

西洋的な「主体性」でいうと、個人が主体的にリーダーシップを発揮して、仲裁し、解決を図っていくことが求められます。

ですが、多くの日本人にとって、それはハードルが高いですよね。私は、その場がやわらぐためにどんなことができるのかを考え、行動できることが「主体性」だと思います。

たとえば隣の子に「AちゃんとBちゃんはどっちも悪くないよね」と、周りに聞こえるような声でボソッと言うことなどです。

つまり、世の中で自分が置かれている状況のなかで、「自分には何もできない」という無力感のなかにいることをよしとするのではなく、「自分にも少しはできることがあるんじゃないか」というところから始め、トライ・アンド・エラーを続けていく——これが私の考える「主体性」です。

目の前に起きている出来事に対して「自分は何もできない」と無力感を持つことが「主体的でない」ということであり、自分にできる変化を自分なりに起こしていくことが「主体的である」ということなのです。

●主体的に生きていないと、主体性を知ることはできない

またもう一つのポイントとして、スポーツのコーチなどにはとても耳が痛いことなのですが、「主体的に生きている人間でないと、主体性を知ることはできない」ということがあります。「主体的な学び」を進める側には、「あなたは主体的に生きていますか?」ということが、常に問われているのです。

スポーツ界では、よく「学ぶことをやめたら、教えることをやめねばならない」といわれます。「主体的な学び」を進めるための技術云々の前に、まず指導する側に「主体的であること」が問われるのです。

——今は、行政が「主体的な学びを進めなさい」と主導しています……。

体罰の議論のときに少し似ていますね。上意下達で上から降りてきたものを下に押しつけることと自体が「体罰的文化」ではないでしょうか。議論がないまま降ろしているようにも見えます。本当は、そこのプロセスでも主体的に話し合えるとよいのですが。

●「主体的な学び」を可能にする環境とは

――先ほどもありましたが、日本では「選択」する場面が少ないことも課題ですね。

そもそも日本は、非常によくできたシステムがつくられてきてしまったおかげで、あまり考えなくても人生を生きられるようになってしまっているのが特徴だといえます。

自転車のハンドルにナビがセットされているようなもので、運転手はペダルをこぐだけでよくなった。結果として、運転手はペダルをこぐことが「がんばること」だと思ってしまっています。

でも、そんな質のよいナビがない海外では、自分が変なところに行ってしまうかもしれないので、自分でハンドルを握って、地図を見ながらどちらに行けばいいかを考え、決めていかねばなりません。

そして今では日本も、つくりあげられてきたシステムが機能不全を起こし、世の中が見通せなくなってきたなかで、人々に自分で考え、選び、判断していくことが求められているのだと思います。

しかし、冒頭で述べたように、日本では選択の機会が少ないにもかかわらず、いきなり進路や就職など大きな選択を求められます。それは、子どもたちにとって負担です。

そこで、たとえば小さな選択をする機会を少しずつ増やしていくのがよいのではないでしょうか。そのときのポイントは、「自分で決めた」と自分で意識することと、その結果のフィードバックを受けること、そしてそれを繰り返していくことです。

たとえば議論で一人だけ反対意見を言ったら、その結果も自分で受け入れる。あるいはお昼ごはんに何を食べるかというのも、選択です。それらの繰り返しのなかで、次第に深く大きい選択に対しても、自分で決めていくことができるようになると思います。

学校の授業でいうと、たとえば英語とフランス語のどちらを学ぶかを子どもに主体的に選ばせる、というのは、非常に重い選択です。それよりも、うどんが好きかそばが好きかなど、答えがない問いについて選ぶということを小さく繰り返していくことが、主体的な選択の訓練になるのではないでしょうか。

●ジャッジしない

もう一つのポイントは、これが最もむずかしいかもしれませんが、「ジャッジしない」ということです。指導者側が判断したり、答えに導いたりすることをとにかく抑えて抑えて、そして答えがないままに終わる。

子どもは、最初は「私の答えは正解だったの?」と戸惑いますが、その状態をなんとか維持していくことができれば、やがて「これは先生の『正解』を当てるゲームじゃないんだ」と思えるようになり、自由に発想し、表現するようになってくれます。

●超一流は伸びるが、1・5流は伸びない

――自由度があまりに高いなかでは、超一流は伸びるが、1・5流は伸びないとおっしゃっていますね。

これもよくスポーツ界でいわれることですが、オリンピック選手を輩出する学校と、インターハイチャンピオンを輩出する学校は、一致しません。あるいは甲子園常連校と、メジャーリーガーを輩出する学校は完全に一致しないのです。

なぜかというと、平均からすごくズレているイチロー選手のバッティングフォームを、よしとするか矯正するかで、学校の判断が分かれるからです。

私は、多くの人が成功するのは、「型」だと思います。いろいろなバッティングフォームがあるなかで、「キミの好きなフォームにしていい」と自由に任されるよりも、多くの人がうまくいく確率の高いフォームを教えられたほうが、多くの人にとってはうまくいく可能性が高いのです。

一方で、イチロー選手のような天才は、ちょっとしたヒントからコツを得て、自分で上達していきます。むしろ、「型」にはめると伸びなくなってしまうので、自由度が高いほうがよいのです。

このように、天才育成のシステムと秀才育成のシステムはかなり違うのですが、私はアメリカ

で学力の格差が開いてしまっているのは、個性を重視して天才育成のシステムに寄りすぎてしまったためだと考えています。残酷な言い方ですが、多くの犠牲の上に一人のスーパースターを育てるというシステムです。

日本のいいところは均一で優秀な人材を輩出していることですが、よく指摘されるように飛び抜けた人材は育ちにくい。このコンプレックスがあるため、教育界でアクティブ・ラーニングがいわれているのだと思います。

でも、この天才育成と秀才育成のバランスが一番大事なのです。「型」がなければ一部の勘のいい人以外は伸びないので、日本のよさが失われてしまう。上手に「型」を教え、それにおさまらない子には「型」を破る余白を残すようなさじ加減が、日本型の「主体的な学び」としてはよいのではないかと思います。

●「主体的な学び」と家庭環境

——もう一つ危惧されるのは、「主体的な学び」以前に、家庭環境による格差です。

たいへん重要な問題ですね。学校教育だけでなく、社会全体で考えないといけませんが、私が一番心配なのは、日本人は「努力すれば何とかなる」「何とかなっていないない人は努力していない」と、簡単に切り捨てすぎているのではないかということです。

陸上競技でいうと、スタート地点があまりに違いすぎると競技は成り立ちません。スタート地点が厳しい人が「100」がんばるのと、スタート地点が有利な人が「1」がんばるのとでは、後者の人が勝つことはままあります。スタート地点の差をできるだけ手厚くフォローしていくことに、社会全体で注力していくべきというのが大前提です。

そのうえで、現場でできることは何か。「諦めすぎている」と言われるかもしれませんが、僕は、スタート地点が厳しい子たちがみんなと同じことをしていくのは、正直、現実的ではないと考えます。

スポーツでも文化活動でも、何か一つでいいから、「自分ができるかもしれない」という自信の小さな種を持たせてあげること。近いうちにでも大人になってからでも、その種が一つの足がかりとなってくれれば、それでいいと思います。

●「個人の能力の差」をどう評価するか

――「主体的な学び」を評価する際、「個人の能力の差」をどう評価すればよいでしょうか。

「個人」を突き詰めると、能力の差は「個性」であり、「個性を比較することはよくない」という考えの方もいらっしゃいます。

ですが私は、現に世の中は優秀な人が評価されているのに、学校だけがそうではない「ユートピア」ではいられないと思います。

評価には、いろいろな評価軸をうまく混ぜ合わせることが大切だと思います。会社でいうと、売上げだけを評価軸にすると、総務部などのサポートをする立場の人は評価が下がってしまいます。でも、総務部の人も会社にとっては同様に大切な存在です。このように、多様な評価軸を考え、多様に評価していくということが必要だと思います。

「個人の力」が問われるこれからの時代、子ども個人の力を信じていただくこと、そして同時に、管理職の先生方にとっては、先生方個々人の力も信じていただくことが大事になってくると思います。

そして、西洋から借りてきたものをそのまま取り入れても、スポーツ界ではうまくいったためしがありません。ぜひ「日本流アクティブ・ラーニング」を育てていただければと思います。

改めて、「対話」とは何か

慶応義塾大学教授　井庭　崇

新学習指導要領のキーワード「主体的・対話的で深い学び」は学校教育界に広く浸透したといえますが、他方で「話し合う時間を設ければ『対話的な学び』になる」という受け止めもあります。「『対話的な学び』はただの『おしゃべり』ではないか」と批判されるゆえんです。「対話的な学び」とはどのような学びであり、なぜ必要なのかを確認していく必要がありますが、その前に、そもそも「対話」とは何でしょうか？『対話のことば』を刊行された井庭先生にお話をうかがいました。

「対話」とは何か

●「会話」と「対話」の違い

――「主体的・対話的で深い学び」のように、学校で「対話」が重要となっていますが、ただ話し合っただけで「対話」とされている状況も見られます。そもそも「対話」とは、何でしょうか。

まず、自分の考えを言ったり、相手の考えを聴いたりして、何かのテーマについて話をするのは、いわゆる「会話」(conversation)です。学校でも日常生活でも、「会話」はたくさん行われています。

他方で「対話」(dialog)は、そこで行われていることを外から見ると、一見「会話」と同じように見えますが、単なる会話とは少し違う意味合いが含まれています。

すなわち「対話」には、相手がどのように物事を見て何を感じているのかを理解する、ということが含まれています。会話よりも、より深みがあるものだといえます。「対話」を意味する言葉「dialog《ダイアローグ》」の語源は、「言葉」(logos)「を通して」(dia-)というもので、言葉を通して理解を深めたり考えを育てたりするということです。

――「議論」や「討論」とも違うのでしょうか。

「議論」や「討論」というのは、メタファーでいうと、「戦い」だといえるでしょう。そこには相手を説得し、勝ちとるというニュアンスがあります。もちろん建設的な議論は有意義であり、否定されるものではありませんが、それは対話とは大きく異なります。「discussion《ディスカッション》」という言葉は語源的には、「percussion《パーカッション》」や「concussion《コンカッション》（脳しんとう）」などと同じで、「打つ」とか「揺さぶる」という意味合いをもっています。このことが「戦い」のニュアンスをもたらしています。

これに対して「対話」は、より共感的に相手を内側から理解し、つながっていくものなのです。

●「コミュ力」は「対話力」？

——近年重視されている「コミュニケーション力（コミュ力）」は、「対話力」のことでしょうか。

一般にいわれている「コミュ力」というのは、どちらかというと発信のほうに重きが置かれていると思います。とくに企業が求めている「コミュ力」は、説得的に語ったり、しっかり交渉したりという力のことでしょ

いば・たかし

専門は創造実践学、パターン・ランゲージ、システム理論。株式会社クリエイティブシフト代表。パターン・ランゲージの国際学術機関 The HillsideGroup 理事も兼務。主な著書に『複雑系入門』（NTT 出版）、『社会システム理論』『パターン・ランゲージ』『クリエイティブ・ラーニング』（慶應義塾大学出版会）、『対話のことば』（丸善出版）など。

う。

コミュニケーションの力というものを分解すると、「伝える力」と「聴く力」に分けることができると、私は考えています。言い換えれば、前者が「プレゼン力」で、後者が「対話力」と言ってもよいでしょう。

プレゼン力に比べ、「対話力」のほうはこれまであまり注目されていませんでしたが、最近では重要だと認識され始めています。多様化する社会において、いろいろなタイプの顧客を理解することはますます重要になってきていますし、組織内においても「対話」が不可欠です。グローバルな時代において異文化を理解し、身近な他者と共生するうえでも、また、よりよい仕事をしていくためにも、「対話力」を高めるということは重要なのです。

「対話」では、自分の考えを述べることよりも、相手の見ている世界や感じていることを感じとり理解することがより大切になります。「言葉を発する」という向きよりも、「聴く」という向きのほうがより重視されるのです。しかもそれは、受動的《パッシブ》な「聴く」ではなく、能動的《アクティブ》な行為としての「聴く」です。相手の話を「聴きに行く」「聴くことで感じとる」というニュアンスなのです。

●日本人と「対話」

——日本人は歴史的にも同質性が強く、「相手を理解する」ことに不慣れといわれます。

そうですね。同質性が高い社会では、似たような考えや感覚を持つ者同士であれば、「相手を理解する」ということをとくに意識する必要はありませんでした。自然と汲みとれていたわけです。

しかし今、多様性が認められ、ますます多様化する時代になっています。個々人が個性を発揮していくことも求められています。いろいろな人種・民族の人とやりとりしたり一緒に暮らしたりということもあれば、LGBTや障害者の活躍というように、これまで以上に、自分とは少し違う立場や感覚で世界を経験している人たちと「対話」によって相互に理解を深めていくということが、ますます重要になってきているのです。

そして「対話」は、民主主義社会の未来にとっても重要です。これまで近代化のなかでは「分業」が効果的に機能してきましたが、その反面、深い分断をあちこちで生み出してもきました。縦割りの壁は強固になり、閉塞感も高まっています。

だからこそ、これからは「対話」とコラボレーションが、未来をともにつくっていくための鍵となると私は考えています。多様な考えを理解し合い、一緒に問題を解決し、よりよい方向性をともに生み出していく「創造的対話」(creative dialog)——そのための前提として必要になるのが「対話」なのです。

学校における「対話的な学び」

●改めて「主体的・対話的で深い学び」とは

――それでは、学校現場での「対話的な学び」をどのようにとらえればよいでしょうか。

いま話してきたように、対話というのは、言葉のやりとりのなかで、相手の見ている世界をその内側から感じとるということが本質的に重要です。このことを十分理解したうえで、「主体的・対話的で深い学び」について考える必要があります。

それは、単に「教室で会話をしながら学びましょう」ということではないことは、もう明らかですね。「先生が教えたことでわからなかったことを児童・生徒・学生同士で教え合いましょう」ということでもない。そうではなく、他者の言うことをじっくり聴き、その人が見ている世界を内側から感じとる、そういうことが「対話」で求められるのです。

そして、それが「主体的・対話的で深い学び」になるためには、その「対話」を、物事を「探究する」とか何かを「つくる」ということに結びつけることが大切です。そこでは「対話」は手段となるのです。

各自はそのままでは自分が考えていること・感じていることしかわからないので、一緒に探究や創造をするためには、「対話」によってお互いの考えや感覚を理解し合い、共有し合うことによって、ともに深い探究やよりよい創造につなげていくことが必要となるのです。

ですから、①まずは「対話」によって相手を深く理解できるようになるということ、そしてそのうえで②「対話」を探究や創造につなげるという、二段階で考えるとよいでしょう。

●「対話的な学び」をどう行うか

――学校現場で「対話的な学び」をどのように進めていけばよいでしょうか。

まずは、「対話」とはどういうものなのかを、教師がきちんと理解して、子どもたちに伝え示していくことが重要です。単なる会話ではなく、議論でもない、「対話」とはどういうものであり、それはどうしたら実践できるのか、それを理解することが出発点です。

でも、なかなかむずかしいですよね。そこで私たちは、対話のコツをわかりやすくまとめた『対話のことば』という本をつくりました。このなかではたとえば、相手の《体験している世界》を「対話」によって感じとるためにはどうすればよいかというコツをいくつも紹介しています。

まず、《ひとりの人として》対話することが大切です。「先生」や「何かの担当」などといった肩書きの鎧を脱いで、一人の人間として相手と向き合う、ということです。

次に《じっくり聴く》ことです。人は、ちょっとした言葉から、こういうことかな、と想像で補って理解しようとしてしまいがちです。でも、「対話」では傾聴することがとても大切です。《じっくり聴く》のです。

相手に何かを尋ねるときには、「イエス」か「ノー」かの返事で終わるような質問ではなく、「今、何を感じているの？」「どう思っているの？」というように、自由に答えられる《開かれた質問》をします。

そして、相手に何かを尋ねたときには、《言葉にする時間》をとることが重要です。質問されて、すぐに答えられる人もいれば、そうでない人もいますね。より本質的な質問であればあるほど、返答には時間がかかるものです。ちゃんと相手が考えをまとめ、それを言葉にする間《ま》をとる、ということです。

そして、そこで語られたことをもとに、相手がどのように世界や物事を見ているのかを《内側から捉える》ようにします。

深い話をしていると、ときには相手の気持ちがあふれて泣いてしまったり、怒りの感情が込み上げてきたりすることもあるかもしれませんが、そういうときは慌てて話題を変えたりせずに、そのことにしっかり向き合います。《感情の通路》が開くと、より深いところに入っていく入口となります。その相手の感情に一緒に向き合い、寄り添ってともに考えていくことができれば、「対話」でもっと深いところに降りていくことができます。

対話の相手の《これまでへの敬意》も大切です。相手の話をじっくり聴いているなかで、これまで悩みや思いを抱えてきたということにリスペクトを持ち、それを示すのです。

これら全部をいきなりできるようにするのはむずかしいと思いますが、一回一回の「対話」の実践のなかで、いくつかを意識しながら、経験を積んでいくことができます。この『対話のことば』は、「パターン・ランゲージ」という方法でまとめられており、一つひとつのコツに名前がつけられています（ここまでの話のなかで《 》で囲まれたことばです）。その「ことば」で

「対話」の実践について考えたり、それについて語り合うための語彙《ボキャブラリー》として用いたりすることができるようになっています。このように「対話」の実践的なコツを「ことば」にまとめていることから、『対話のことば』というタイトルになっているのです。

これらのコツの一つひとつは、そんなにむずかしいものではありません。よくよく考えると、人生のどこかで誰しも経験してきたものでしょう。ただ、「対話」の場でしっかりと実践できていないというだけなのです。そこで、『対話のことば』では、この「ことば」を用いることで「対話」の経験をクラスで話し合い、「対話」について意識的・自覚的に振り返ることができるようになっています。

「《ひとりの人として》話を聞いて打ち解け合った経験がある人は、それはどういうときですか？」「相手の話を《じっくり聴く》ことで、理解が深まってよかったと感じたという経験がある人は、それはどのようなときでしたか？」とクラスで振り返って、対話経験についての「対話」を重ねていくと、「対話」についての理解が深まるとともに、「対話力」も養うことになります。『対話のことば』などのパターン・ランゲージを用いた対話ワークショップは、全国あちこちの学校や地域で実施されています。ぜひみなさんも、学校でやってみてください。

●「対話」の評価

——「対話的な学び」も評価が必要です。なかなか発言できない子などをどう評価すればよいとお考えでしょうか。

これも重要で、よくある問いだと思いますが、この質問の裏には、「対話」を発言で評価しようとする発想が見え隠れしています。すでにお話ししたように、「対話」では、言葉を発することよりも、よく聴くことのほうが重要です。だから、「対話」を評価するには、どれだけよく聴いているかを見るべきです。確かによく発言する子には目がいきやすく、その能動性を評価したくなるものです。しかし、「対話」という観点では、どれだけ聴いているかを見るべきなのです。発言をたくさんしている子は、人の話を聴いていない可能性もあります。ですから、「対話」は、相手の《体験している世界》をどれだけ《内側から捉える》ことができているかを評価すべきです。こうすることで、発言が少なく目立たなかった子も正当に評価できるようになります。

●ジェネレーターとしての教師

――ご著書『クリエイティブ・ラーニング　創造社会の学びと教育』で、ジェネレーターとしての教師のあり方を主張していらっしゃいます。

はい。「クリエイティブ・ラーニング」とは「創造的な学び」ですが、とくに「つくることによる学び」のことです。これまでの教育では、すでにある知識やスキルを覚えることで学ぶ、ということが中心でした。そして、知ったあとに、それの応用として実践があったり、将来に向けて準備したりするというものでした。これに対してクリエイティブ・ラーニングでは、最初から「つくる」という創造実践の活動を中心とし、つくるために学び、つくるなかで学び、つくる経験を経て学ぶ、ということをするのです。

社会が定常状態のときは、人々はただ決まったことを遂行していればよかったのですが、今は変化の時代ですから、創造的につくり出していく必要があります。社会に出てから人々が創造的に仕事をし、生きていけるようにするためには、学校でも創造的な経験を積んでいくことが重要です。

そして、この「クリエイティブ・ラーニング」という学びのスタイルにおいては、教師は「ジェネレーター」という新しい役割を担うことになります。ジェネレーターというのは、自ら「つくる」ことに参加し、一緒につくりながらみんなに火をつけていく人です。知っていることを「教える」ティーチャーでもインストラクターでもなく、児童・生徒・学生たちのコミュニケーションを「促進する」ファシリテーターでもなく、自らアイデアもコミュニケーションも勢いも「生成する」ジェネレーターとしての教師像――これが創造的な時代における教師のあり方です。

これまで教師は、教え、やらせて、評価する立ち位置にいたので、子どもと一緒に活動するのはご法度でした。あくまでも児童・生徒・学生たちが自分（たち）でやること・そうやってできたものが重視されました。教師はいわばその活動の外にいたのです。

でも創造的な経験を重視するこれからの学校では、教師だけが外で涼しい顔をしているのは不適切です。一緒に知恵を出し合い、汗をかき、手を動かす存在になるべきです。長く生きて経験も豊富で、視点も違う分、児童・生徒・学生とは異なる貢献をすることになるでしょう。「これくらいのクオリティが限界だろう」と子どもたちが思っていても、教師が一緒に取り組んでそれを突破し、さらによりよくすることができる――そんな魔法のような展開を目の当たりにすることになるでしょう。教師が実際に活動の内側で、真横で示すのです。そして子どもたちがそのすごさや可能性を味わい、次は自分もできるようになりたいと思う――そういう経験が、次なる創造的な活動と学びのエネルギーになるのです。

実は、「対話」の場においても、教師はまさにこのジェネレーターとして参加すべきだと私は考えます。「さあ、みなさん対話しましょう！」と、ファシリテーターとして「対話」の外側に立つのではなく、その「対話」の場に一人の参加者として入るべきなのです。

そしてそのなかで、「対話」というのはどうするのかを実践的に示していくのです。そういう経験を積み重ねることで初めて、教室で質の高い「対話」が実現します。

そのとき、『対話のことば』のコツを表す「ことば」を共通言語にすれば、実践のコツは伝授・共有しやすくなります。これがパターン・ランゲージである『対話のことば』の効果なのです。ぜひみなさんも、ジェネレーターとして「対話」の場に入り、「対話」の文化を育んでいってほしいと思います。

管理職と教師の「対話」

――管理職として、先生方とどう「対話」をすればよいでしょうか。

これもとても必要ですが、むずかしい点が二つあります。一つは先ほども申し上げた同質性の問題です。私たちは日本で他者を理解するという「対話」の経験をあまり積んでこないまま大人になったので、「対話」が苦手です。もう一つは、管理職と教職員では立場が違います。見ている視点が違うというハードルがあります。

それらを乗り越えるためには、子ども同士や教師同士のときと同様に、「対話」とは何かをまず理解し、『対話のことば』にあるような実践の一つひとつを大切に、日々を過ごしてみていただきたいと思います。立場の違いがあり、お互いに物事の受け止め方が違うという前提に立って、一緒に話していくことです。

管理職やミドルリーダーの先生方にそういう場をつくっていただきたいですが、そのためのツールとして、たとえば「アクティブ・ラーニング支援パターン・カード」（Amazon.co.jp で入手可）というものがあります。ALの観点から「対話」を開くためのツールなので、教科を越えたコミュニケーションができます。教師が何をしようとし、何に苦労しているのか、そのためにどんな環境やサポートが必要なのかということが、「対話」を通してわかります。

仕事についての「話し合い」というと、愚痴になってしまったり、他の人への文句に聞こえてしまったりしがちです。でもこれらのツールには、実践のなかでよく起きる問題の解決法が書いてあるので、個人的な経験に終わらず普遍的に通じるよくある問題だ、というふうに示せます。それによって「対話」がうまく進みます。

このように、よい実践のなかに潜んでいる共通パターンを言語化することを「パターン・ランゲージ」といいます。学校でも、毎年起きたり、新人が必ず直面したりするといった、よく起きる問題がありますね。そしてそれら共通する問題には、うまくいくコツもまた共通しています。それらを小さい単位でまとめて言語化するのがパターン・ランゲージです。

「これさえやればいい」という一点突破型のマニュアルめいたものではなく、20とか30のコツに細かく設定します。一つひとつは自分ですでにしていることもあるでしょうし、読めばすぐに理解できるものも多いですが、それらが20も30も集まっているのがポイントです。

また、一つずつ《ひとりの人として》《じっくり聴く》などと名前をつけているので、共通言語として、その言葉を使って他の人と「対話」ができます。自分でも、「今日は《じっくり聴く》ことができなかったな」と振り返ることにも使えます。

どれだけ一人ひとりのマインドが変わっても、コミュニケーションが変わらないと組織はよくなりません。パターン・ランゲージは実践の言葉なので、その言葉をみんなが日ごろ意識して使うことができますし、そうすることで次第にその言葉のほうに自分の体も動いていくようになっていきます。それがパターン・ランゲージのねらいなのです。

私たちは、このほかにも進路を考えるための「ミラパタ（未来の自分をつくる場所：進路を考えるためのパターン・ランゲージ）」や、ミドルリーダーのための「園のことば」などさまざまなパターン・ランゲージをつくっています（詳しくは、http://patternlanguage.jp をご覧ください）。これらも使って、ぜひ学校で深い「対話」を実現していってください。

「科学リテラシー」に人類の未来がかかっている

――「科学軽視社会」日本の危機

青山学院大学教授　岸田　一隆

国際調査で、日本の子どもは科学リテラシーについて点数が高いにもかかわらず、科学についての態度が肯定的でないことはよく知られています。さらに大問題なのは、日本の大人。なんと世界で最も科学・技術に関心がないことが各種調査で指摘されています。日本における科学・技術への無関心さの原因、そして学校教育で今一度「科学リテラシー」をどう取り扱えばよいかなどについて、「科学コミュニケーション」がご専門の岸田一隆先生にお話をうかがいました。

なぜ、日本人は「科学」に無関心なのか？

●実は低い大人の「科学リテラシー」

――まず、日本人の「科学リテラシー」の状況を教えてください。

読者の皆さんはご存じのとおり、ＰＩＳＡ２０１８において、日本の15歳の科学的リテラシーについては、国際的に見て引き続き平均得点が高い上位グループに位置しています。しかし一方で、ＰＩＳＡ２０１５で調査された科学に対する態度については、肯定的な回答の割合が依然低い状況が見られます。

この子どもの科学リテラシーの状況についてはよく言及されますが、他方で社会人の話となると、日本の社会人の「科学リテラシー」はなんと国際的に見て平均よりも下です。

つまり、学校の勉強はこなしてきたけれど、働き出したときのリテラシーにはそれがまったく反映されていないということです。もちろん、学生から大人になっても、科学への関心は低いまま。これが日本の特徴です。

●科学の得意・不得意はなぜ生まれるか？

――なぜ、日本人は科学への関心が低いのでしょうか？

そのご質問にお答えする前に、そもそもなぜ、科学が得意な人と苦手な人がいるのかを考えてみましょう。これにはいくつかのきっかけがあります。まず最初は小学校高学年です。低学年で生活科が初めて始まるときは、比較的みんな理科が好きです。ところが、心理学で言われる「10歳の壁」があり、身近な生活から得られる直接知覚の段階から、たとえば「重量」「密度」など少し抽象的な概念に変わってくる。ここでつまずいてしまう子どもがいます。

次のきっかけが、中学校進学です。数学や化学式に触れることで、つまずく子がいる。最後のきっかけが、高校進学です。理系・文系に分けられ、文系に進んだ子は「もう自分に理系のことは関係がない」と認識しています。

つまり、科学が得意・苦手については、その人の性質や好みもあるでしょうけれど、制度がそうさせている、とも言えるのです。確かに「科学」は、抽象的な概念を扱ったり数学を用いたりするなど、他教科に比べて敷居が高いと言えます。

また、科学は知識の積み重ねでできています。データをもとにある科学が生まれ、さらにそこ

きしだ・いったか

1961年、東京生まれ。理学博士。東京大学理学部助手、理化学研究所先任研究員を経て、現在は青山学院大学教授、東京女子大学非常勤講師、日本サイエンスコミュニケーション協会編集委員、日本生産性本部経営アカデミーイノベーションデザインコース・プログラムコーディネーター。専門は科学コミュニケーション、文明論。著書に『青学発 岸田教授の「エネルギー文明論」』（エネルギーフォーラム）、『3つの循環と文明論の科学』（エネルギーフォーラム）、『ボクらのエネルギーって、どうなるの!?』（X-Knowledge）など。

からまた新たなデータをもとに新しい科学が生まれと、どんどん大きくなっていきます。これまで累積されてきた知識から学んでいかなければならないので、途中で脱落した人は、またそこから勉強し直さなければなりません。これも敷居の高さの一つです。理系から文系に移ることに比べ、文系から理系に移ることは容易ではありません。

さらに、「科学的方法で考える」ことのハードルもあります。

「対象」に関心を持たせることは比較的たやすいのです。宇宙、遺伝、進化、人工知能、脳科学等々、最先端のおもしろい話はいくらでもありますから。

けれども、これを科学的方法で考えさせる、ということが実は相当むずかしい。なぜなら、科学的に考えるというのは、懐疑主義だからです。エビデンスをもとに、「それが本当か」と繰り返し分析し検証を重ねていかなければなりません。非常に厳しい道のりです。その道のりの厳しさに、みんなが耐えられるというわけではありません。

人間は安心するために「わかりたい」ですから、「本当か」わからないまま分析・検証を続ける厳しい道のりよりも、容易に「わかった」と安心できるほうに向かいがちです。

●「論理」と「共感力」

「論理」は人間の非常に強力な武器です。「論理」のおかげで科学が生まれ、人間はこれほど繁栄することができました。それなのに、人間が生き残るための武器だったはずの「論理」=「科学」が苦手な人がいるのはなぜでしょうか?

実は、人間にとって最初に生き残りのために必要だったのは、「論理」ではなく「共感力」だったと言われています。他の動物にもありますが、とくに人間の「共感力」は非常に強い。これは、人間が社会的に生き残ろうとしたことによるものです。

「共感」とはつまり、相手の状況を自分の状況と置き換えて感情移入することです。相手の意図や感情を「共感」できることが、社会的に生き残ることの武器になりました。

さらに、この「共感力」は、言葉を得るためにとても重要な役割を果たしました。ある果物に「リンゴ」と名前をつけます。そうすると、「リンゴ」という音を聞いただけで、「この果物のことだ」とわかるようになる。これは置き換える力のおかげです。

言葉ができると、ただの記憶が「概念」に生まれ変わります。そして「概念」と「概念」を結びつけるために、「論理」が生まれたのです。次第に精巧な論理が生み出され、そこから科学が生み出されて、人類が生き残るためのさらなるすばらしい武器となったのです。

ところが、そのもともとあった「共感力」は実は非論理的なのです。「猫は動物である」と「動物は猫である」の見分けがつかなくなってしまうのですから。

●人間は確率的に考えることが苦手

――「論理的でない」に関して、人間はリスクを受け止めることが苦手と言われます。

そのとおりです。リスクとは、危険の起こり得る確率ですが、人間は確率的にものを考えることが苦手です。確率はエビデンスとなる数値をもとに科学的、論理的に考えることが求められるからです。

東日本大震災で起きた原発事故で飛散した放射性物質。その被曝リスクについては、エビデンスとなる数値をもとに冷徹に判断をすることが求められましたが、実にむずかしい問題でした。「確率的に危険性は低いですよ」と言われても、おいそれとは納得できないのも人間の特徴です。相当低い確率だったとしても、たまたまそれに当たってしまった人にしてみれば、その確率が低かったことに何の意味もないからです。確率は個々の人生を救うものではありません。

しかし、他方で大きく社会的な施策を考えるにあたっては、個々人が確率で思考していかなければ、科学的に判断することができず、道を誤ってしまうのです。

●日本人特有の事情

日本人特有の事情を考えたいと思います。

もともと日本人は情緒的に考えることが得意です。もちろん、それは美点ではありますが、情緒的に考えるのは、科学的な果てしない分析よりも実は心理的に楽なのです。

社会の指導者的な立場にいる人でも、エビデンスがない発言が見受けられますね。教育分野でも、公の場で、ご自分の信念に基づいているだけの、情緒的な発言をする方がおられます。この状況がとくに問題とされずに蔓延していることも問題です。欧米では「その証拠は？」と必ず問われますから。

また、一般には「正しいこと」よりも「信じたいこと」や「おもしろいこと」のほうが受け止められやすいです。マスコミ報道の影響もありますが、しかしこれは、「人間は、事実よりも自分が信じたいと思うことを信じるものだ」とユリウス・カエサルも言うように、日本人に限らないかもしれません。

さらに日本は、「論理」や「対話」ではなく、「和」の文化です。最後までエビデンスを突き詰めるところまでしようとせず、まさに「忖度」で済ませたりします。

――それはなぜなのでしょうか？

四季が豊かであることも一つですが、海外との戦争体験・外交体験がきわめて少ないということもあるでしょう。日本国内だけで平和にしていればどうにかなってきた。これが、国の存亡をかけた外交などを繰り返していれば、相手と命がけの議論をするようになるのですが、身内で平和であるために、なるべく軋轢を起こさないように事を運ぶ文化となったのです。同じ日本人同士で、論理で突き詰めていくよりも、相手の心を慮る国民性となったのでしょう。

私たちは、社会の未来を選択しなければならない

●「科学」「科学リテラシー」とは何か？

――そもそも「科学」というものを、どうとらえればよいのでしょうか？

実は「科学」の正確な定義というものはありません。いくつか言われているのは、先ほども言ったように、厳しい検証です。検証に耐えるものでなければ科学ではありません。また、論理的

に組み立てられている整合性と、すべてを疑う懐疑主義も求められます。

　このように見ると、「科学」とは、つまり特定の理論がどうということではなく、あくまで「方法」ですね。これは「科学リテラシー」についても言えます。知識ももちろん「科学リテラシー」の一つであり、持っているに越したことはないですが、それよりも私が重要と考えているのは、科学的な方法です。エビデンス・ベースドで論理的な思考ができるかが、「科学リテラシー」だと考えます。これは、自然科学、社会科学、人文科学でもすべて共通します。

——なぜ、私たちは「科学リテラシー」を身につけなければならないのでしょうか？

　私たちの社会がどのようにして決まっているのか、ということです。多くの日本人、一般市民は、誰かが決めた社会のなかで、決められたとおりに生活させられていると思い込んでいます。しかし、これはまったくの誤りです。

　たとえば政治家は、選挙と選挙の間の短い期間だけ身分が保証されている、短期的な任期付き職業です。短い期間で効果を謳わなければ、次の選挙に当選しません。ですので、長期的なビジョンは期待できません。

　役所はどうか。残念なことに2〜3年もすれば職員は異動します。もし長期的なビジョンを持つ人がいたとしても、継続は困難です。

　民間企業はどうでしょう。本来、民間企業は長期的なビジョンを持たないと生き残れませんが、最近は株主が強くなっています。3ヵ月という四半期決算で黒字か赤字かを問われるほど厳しいなか、長期的な視点から「今は赤字でいい」とは言いづらい。

最後に一般市民です。現時点では、長期的にものを見ることができているとは言い切れません。しかし、もし一般市民が長期的な目で「こんな人類の道を選ぶ」ということが実現すると、状況は一変します。

長期的なビジョンの政治家に投票するようになると、政治家は長期的なビジョンを語るようになる。役所も、担当者が入れ替わったとしても長期的なプロジェクトが継続されるでしょう。企業の製品についても、長期的な目で見て、人類にとってよいと思うものを選び、購入するようになれば、企業は当然そちらにシフトします。

一般市民が「自分たちに力がない」と思っているとすれば、それは大間違いで、人類の未来は、今現在も自分たちが選び、決めているのです。そして、一般市民はむしろこのことについて意識的でなければいけません。それは、自分事だからです。

エネルギー、食糧、環境などの諸問題、また人工知能、ゲノム編集、脳科学などなど人類の生き残りがかかっている大問題が山積しています。そしてこれらには、いずれも「科学・技術」が大きくかかわっています。

これが、「科学リテラシー」が必要な理由です。自分事としてとらえ、「ここまでは許される」「これは許されない」という判断を自分なりに下して、人類の未来を決めていかなければならないからです。

もし「科学リテラシー」が低いと、なんとなくの空気のなかで流されたり、声の大きい人の主張に引っ張られたり、「わからないから」と人に委ねたりしてしまいかねません。

あるいは、リスクの低いものを極度に恐れたり、逆に本当はリスクが高いのに選択してしまうということもありえます。これでは人類にとってよりよい判断となりません。

もちろん、むずかしい面もあります。すべてのジャンルで最先端の科学論文が読めるようになることなどは現実的ではありません。

ただ、たとえば私たちは病院で「肝臓が悪い」と診断されたら、自分で勉強しますね。診断結果をどう受け止めるか、今後の治療方針をどう相談していくか、自分で判断をしていかなければなりませんから。けれども、勉強と言っても、論文を読めるような医学の専門家になるわけではありません。このレベルで十分なのです。このレベルで、一般市民は人類の未来に関心を持っていただく必要があるのです。

学校教育と「科学リテラシー」

●「科学」が自分事としてとらえられるように

――日本の学校で「科学リテラシー」を身につけていくために、どんな課題があるでしょうか。

先生方はたいへんお忙しいでしょうけれども、一日に少しずつでも、人類の現在と未来について学んでいただけたらと思います。

「科学」の学習に興味・関心を持てない子というのは、その学習内容を自分事として受け止められないのです。現実の世の中と結びついていると感じられない。抽象的な、絵空事の世界と思っているのです。でも、科学ほど現実とつながっているものはありません。そしてそのことは、授業をされる先生方が、人類の現在と未来についてのまなざしを持っておられれば、子どもたちに伝わると思うのです。

人工知能、ゲノム編集、脳科学という最先端科学技術や、エネルギー、食糧、環境、人口、少子高齢化など現在進行形の問題などについて、先生方がビジョンを持たれ、子どもたちに語ることができれば、子どもたちは自分事として受け取ってくれると思います。

教育は、結局のところ「教師」です。同じ内容・手法・教材を用いたとしても、教師が違えばまったく違った効果をもたらすのは、読者の皆さんのほうがよくご存じでしょう。まさに皆さんに人類の未来がかかっていると言えるのです。

●情緒に偏る国語教育の問題

——これからは「対話的な学び」が重視されています。

「科学リテラシー」の教育でも、知識をつけるだけではなく、エビデンス・ベースドで理性的に議論・対話ができることが重要です。

しかしこれはなかなか困難です。一つは、日本の国語教育の問題が指摘できます。欧米流の国語教育は、文法学・論理学・修辞学の三学が源流です。すなわち論理ですね。論理的思考の訓練が重視されます。たとえば判断に迷う文例がいくつか示されて、それらが事実であるか意見であるか、その微妙な違いは何かを答えさせたりします。

一方、日本の国語教育では情緒的な文章が偏重され、意見を読み取ることや感想を述べることに力点が置かれているのではないでしょうか。

●「文系」と「理系」を問い直す

――「文系」と「理系」を分けることについては、どうお考えでしょうか。

全国各地の「総合的な学習の時間」ですでに行われているように、食糧問題や環境問題など社会問題を一つ取りあげただけでも、経済、医学、福祉、国際情勢、そしてもちろん科学・技術と、あらゆることがかかわってきますね。このことから見ただけでも、「文系」「理系」などと分けることに意味はないということがわかります。

何かの問題を解決するのに、経済だけから、科学・技術だけから解決を目指すということは不可能で、総合的に解決を目指さなければなりません。社会に「文系」も「理系」もないのですし、みんなで人類の未来を考えなければならないのですから。

最近、レポートを読んでいると、中学校、高校で質の高い「総合的な学習の時間」の授業を受けてきたとわかる学生もいますね。大いに期待したいと思います。

私も「科学コミュニケーション」を通して、「文系」も「理系」もなく、人類の難問に立ち向かっていく社会を目指していきたいと思います。

AI翻訳で、英語学習は必要なくなるのか？

国立研究開発法人情報通信研究機構〈NICT〉フェロー
隅田英一郎

以前は「誤訳」がからかわれることもあった「自動翻訳」ですが、AI翻訳の登場によってめざましい進歩を遂げています。このままテクノロジーが進歩すれば、英語が話せなくても、世界の人々とコミュニケーションをとることができるようになるのでしょうか？ つまり、学校で英語を勉強する必要がなくなるのでしょうか？ 30年以上にわたり自動翻訳の研究に携わってこられた隅田英一郎氏に、お話をうかがいました。

自動翻訳は、どこまで来たのか？

●飛躍的な進歩の理由

――自動翻訳は以前に比べてめざましい進歩をとげていますが、その背景にはどのようなことがあるのでしょうか。

まず、昨今、自動翻訳が飛躍的な進歩を遂げた理由からお話ししましょう。

従来の自動翻訳[*1]では、人間が文法をコンピュータに教え込むかたちでシステムをつくろうとしていました。しかしこれではなかなか自然な翻訳ができず、実用レベルにはなりませんでした。よくネット上でもからかわれていましたね。

ところが2016年に登場したAI翻訳（＝ニューラル翻訳）は、「深層学習（＝ディープ・ラーニング）」という新しいアルゴリズム[*2]によって、日本語の文とその翻訳文を対にした「翻訳データ」を自動的に学習するシステムとなり、一気に翻訳のレベルが上がったのです。

人間の神経回路は、単体では単純な機能しか持たないニューロン（神経細胞）に、信号が入り、ある計算をして出て行き、また次のニューロンにつながっていくという仕組みになっています。このニューロンの組み合わせによって、人間は言葉を話したり翻訳したりするなどの知的な処理ができるのですが、それをコンピュータ上でも実現したのが、AI翻訳というわけです。

簡単に言うと、掛け算と足し算をずっと計算しているだけなのですが、その計算量は半端ないです。近年、コンピュータの性能が向上し、非常に速く計算できるようになり大量の学習が可能になりました。これが最近、AI翻訳が飛躍的に進歩した理由です。

AI翻訳の精度は、アルゴリズムとデータ量で決まります。同じデータ量ならよいアルゴリズムのほうが精度が上ですし、同じアルゴリズムならデータ量が多いほうが上になります。

多くの民間企業等がそれぞれ自動翻訳のアルゴリズムを構築しつつ、データを収集している状況ですが、私たち情報通信研究機構（NICT）でも、世界の「言葉の壁」をなくすために、自動翻訳技術を研究・開発しています。そしてその研究成果を活用して「VoiceTra《ボイストラ》」というスマホやタブレット用の多言語音声翻訳アプリを開発し、無料で提供しています。

ちなみに「トイレが流れません」という日本語の文章をこのアプリを使って翻訳すると、"The toilet doesn't flush." となりますが、某有名検索サイトの自動翻訳では "The toilet does not flow." となります。どちらが適切な翻訳か、比べてみてください。

先ほど申し上げたように、精度はデータ量に比例す

すみた・えいいちろう

情報通信研究機構(NICT)フェロー。日本アイ・ビー・エム、国際電気通信基礎技術研究所を経て、「グローバルコミュニケーション計画」を推進。情報処理学会喜安記念業績賞、文部科学大臣表彰科学技術賞、内閣府産学官連携功労者表彰総務大臣賞を受賞。京都大学大学院博士（工学)。日本翻訳連盟理事、アジア太平洋機械翻訳協会会長。

＊1 人間が関与しない、コンピュータによる翻訳　＊2 計算方法

るので、NICTでは日本中の翻訳データを集めるプロジェクト「翻訳バンク」を開始しています。金融、リーガル、エネルギー、機械、製薬などさまざまな企業からデータを出していただき、高精度のシステムを構築してお戻しするというものです。

AIの領域と人間の領域

●今、AI翻訳には何ができるのか

――しのぎを削っているのですね。今、AI翻訳にはどれくらいのことができるのでしょうか。

自動翻訳は非常に優れたシステムであり、精度も高いです。TOEIC《トーイック》900点レベルと言われていますから、ほとんどの日本人は勝てませんね。確かに少し前までは使い物になりませんでしたが、AI翻訳となって日々アルゴリズムが進歩し、データも集まっているので、進化が止まりません。

また、データさえ集められればつくれるので、多言語が扱えるというのもポイントです。「VoiceTra」は世界31言語に対応しています。そして電気と通信環境さえあれば、24時間365日稼働できます。

東京大学で英語を教えるトム・ガリー教授は、「AIによる機械翻訳は、翻訳者としての私から見ても、日本人学生などが自力で書く英文よりも良い文章になっていることが少なくない」[*3]とおっしゃっていることからも、AI翻訳の実力はおわかりいただけると思います。

――英語の「四技能（聞く・読む・話す・書く）」に照らして、AI翻訳に得意・不得意はありますか。

「聞く」については、われわれ日本人よりはるかに上ですし、ノイズがなければ母語話者以上の音声認識が可能です。雑音がたくさんあるところだと、人間は英語についての知識以外の知識を使って「何を話しているか」を推測することができますが、AI音声翻訳にはそのような知識はありませんから人間に劣後します。

「読む」ことについては、高精度の文字認識ができますし、「話す」ことについても母語話者の綺麗な発音ができます。「書く」ことについても、現在のロボット技術と連携すれば母語話者と同等のことができるでしょう。

●自動翻訳システムを「使いこなす」時代

このように、自動翻訳システムはみんなが使うべき道具になっている現実があります。だとすると、今後はこのシステムを「いかに使いこなすか」が重要となってくるのです。

翻訳を生業《なりわい》としている方々などからは、これまで自動翻訳の誤訳を一つ見つけるたびに、「ほら、こんなものは使えない」と拒否反応を示されることがありました。でも、自動翻訳を批判していても、もはや時間の無駄なのです。すでに、普通の人間をしのぐ高精度であり、さらに進化が止まらないのですから。自動翻訳を自分の道具として使いこなせばよいのです。

ちなみに私たちは、いずれAI翻訳による同時通訳も可能になると考えています。すでに20

＊3『読売新聞』2017年9月17日

16年からそのプロトタイプを稼働させています。英語話者が話すいくつかの単語で意味をなすかたまりにまとまったときに、日本語の訳として出力されていきます。

最後まで聞いて翻訳すると時間がかかってしまうので、途中でポンポンと出していくのが同時通訳の特徴です。これからも性能を高めていきたいと考えていますが、英語を一生懸命聞き取っていくよりも、ときどき誤訳があっても日本語を五月雨《さみだれ》式に理解するほうが、現状でも日本人にとってははるかに楽ですね。

この同時通訳技術を応用すれば、テレビ会議システムとつなげて東京の本社と外国の支社との間で、それぞれ母語でコミュニケーションすることもできます。自動翻訳が進化すれば、このように人間の通訳なしで仕事が可能になる領域が広がると思います。

●自動翻訳に、今、できないこと

――それでは反対に、自動翻訳に弱点はないのでしょうか。

実はそれもたくさんあります。たとえば「文脈」はわかりません。一文を翻訳して、次の文を翻訳するときにはその前の文を忘れる仕組みなので、「前の文でこう言っていたから、次はこうだろう」という文脈を理解することはできないのです。現時点では、文章全体を入力して高精度の翻訳ができるアルゴリズムはまだできていません。

また、人と人とのコミュニケーションにおいて、文字や言葉の情報は20％くらいしか役に立っていないと言われています。それ以外の多くの要素、たとえば表情、周囲の状況など全てが相互に作用して、人と人とのコミュニケーションは成り立っているのですが、視覚などの情報はＡＩ翻訳では取り込んでいませんから、トータルなコミュニケーションという意味では高精度とは言えません。

また、文芸作品の翻訳はできません。『ハムレット』の“To be or not to be, that is the question.”には、坪内逍遥「世に在る、世に在らぬ、それが疑問ぢゃ」、福田恆存《つねあり》「生か、死か、それが疑問だ」、野島秀勝「生きるか、死ぬか、それが問題だ」、松岡和子「生きてとどまるか、消えてなくなるか、それが問題だ」など有名な訳があります。

ＡＩ翻訳では、あるいはどれかの訳が出てくるかもしれませんが、それはただ最初に学んだデータのなかで多数決をした結果にすぎません。それはたとえば「坪内逍遥らしさ」というような「ＡＩらしさ」というものではなく、ただの多数決です。

あと、「翻訳できない言葉」もありますね。「木漏れ日」と言うと、日本人ならすぐに何を指しているのかわかりますが、英語には対応する言葉がありません。ですので「葉っぱの隙間から太陽の光が漏れてきて、それがきらきらゆらゆらしている状態だよ」と説明しないといけないのです。一度そういう訳をつくればよいのですが、これは非常にクリエイティブな領域なので、人間の範疇だと思います。

――よく言われますが、ＡＩには「意味がわかっていない」ということですね。

そう、まったくわかっていません。それなのに、意味がわかっているような訳を出してきます。「ベンツ」と入力したのに翻訳が「ＢＭＷ」となるなど、たまに馬脚を現すことがありますが（笑）。

英語教育は必要？

●日本人は英語に苦労して当たり前

——このようなＡＩ翻訳の現実を前にして、日本人は、英語学習にどう取り組んでいけばよいのでしょうか。

そもそも翻訳は、言語によってむずかしさが異なります。たとえば日本語／英語、日本語／中国語、日本語／韓国語で見てみると、日本語／英語は文法も語彙もまったく共通点がありません。日本語／中国語は、文法は異なりますが、日本は中国から多くの単語を輸入しましたから、語彙はかなり重なります。そして日本語／韓国語は、文法もほぼ同じであり、同じ漢字文化圏で語彙もかなり重なっているので、単語をハングルから日本語に変換しただけで翻訳ができてしまう。翻訳精度も高いものになります。

つまり日本語／英語というのは、言語習得のなかで最もむずかしいのです。現状、日本では英語を学ぶのに中学・高校で１０００時間弱かけています。とくに中学では、どの教科よりも授業時数が多いですね。

ところが、アメリカの国務省で、外交官が外国で仕事ができるレベルまで外国語を習得するのにどれくらい時間がかかるかという目安を出していて、アメリカ人が日本語を学ぶのにはなんと2200時間かかるとされているのです。1000時間では全然足りないのですね。中・高とちゃんと勉強しても、話せるようになるのはむずかしいのです。

日本人が、同じ1000時間かけるのであれば、韓国語、モンゴル語、トルコ語なら高い水準まで習得できるのですが、なぜか一番習得がむずかしい英語を学習しているから、いつまで経っても話せるようになりません。

英語に向いている人はいいけれど、日本には向いていない人のほうが多い。でも、試験があるから向いていない人もむりやり勉強しなければいけない。そうすると、英語がコンプレックスになってしまいます。「英語嫌い」を学校で量産してしまう原因です。

●英語教育は必要

――本来、英語話者とコミュニケーションをとるために英語を学んでいるはずが、学校でかえって「英語嫌い」を生んでしまうのですね……。

とはいえ私は、日本人にとって英語はむずかしいからやめたほうがよいと言っているわけではありません。現に、仕事で自動翻訳を使って、それを学校で学んだ英語の基礎知識でチェックして完成させるという使い方をしている人もいます。これまで一から英作文をしていたため非常に時間がかかっていたのが、短時間で効率的に仕上げられるようになったのです。まさに「働き方改革」です。

自動翻訳システムは、先ほど申し上げたとおり間違えます。ですから、間違いを見つけて直せることが必要です。そのためには、ある程度の文法と語彙の知識が必要であり、それは英語教育で身につけるしかありません。自動翻訳システムを使いこなすための英語教育が必要なのです。

自動翻訳が100%翻訳できるようになるのであれば、英語教育は必要ないと言えるようになりますが。

――いつ、100%になるのでしょうか?

永遠になりません。性能は上がり続けますが、100%になることはありません。

先ほどのビジネスパーソンの例のように、プロの翻訳家も自動翻訳システムを活用することで、大幅な効率化を図れることが明らかとなっています。

翻訳者になるハードルが下がることで、翻訳で稼ごうという人が増え、日本中でますます翻訳の総量が増える。すると翻訳コストが下がり、発注の量が増えます。このようにして、日本は言葉の壁のない国になっていくでしょう。

なぜ、英語なのか?

●日本人にも外国語でのコミュニケーションが必要な時代

そもそも大半の日本人は、実は英語が必要な生活をしていませんね。それなのに、なぜ全員が英語を勉強しているのでしょうか。最後にそのことを考えたいと思います。

ここ数年、外国人観光客が急増しています。国策であり、2015年には2千万人だったのが、2018年には3千万人に。2020年には4千万人、2030年には6千万人を目標としています。

また、日本は移民政策をとっていませんが、外国人技能実習生や留学生、特定技能外国人などの形態で、日本に住む外国人は増加しています。法務省の資料によると、ほぼすべての都道府県で在留外国人が増え続けている。それも都会ばかりでなく、地方で増えているのですね。地方の語学学校で日本語を学び、アルバイトをしながら生活しています。私は、彼らに楽しく安全に日本で暮らしてほしいと思います。日本を好きになってもらいたい。そのためには、コミュニケーションをとることが大切ですよね。

そして、日本に来られた外国人家族で、子どもは学校で徐々に日本語を話せるようになりますが、大人の方は話せないままということが多々あります。大人もコミュニケーションをとれるようにならないと、社会になじめず、子どもと保護者の間に壁ができるなど、新たな問題が生じることになりかねません。

いろいろ例をあげてきましたが、つまり言いたいのは、日本人にとって外国語が必要な場面が増えている現実がある、ということです。

もちろん外国語の種類、必要とされるレベルにはさまざまなバリエーションがありますが、かつてのようにグローバルなビジネスパーソンや学者など限られた人だけではなく、日本に住み、日本で働く人々、たとえば接客業、美容師、運転手、看護師、介護士、工事監督、教師、警察官、刑務所員に至るまで、外国語が関係ないとは言えなくなる時代だということです。

この時代に、日本人は外国語をどうすればよいのでしょうか？　多様な国の言語を習得していこう、というのは現実的ではありませんね。自動翻訳にできるところは任せるという方向に、なるべくしてなっていくと私は思います。

●なぜ、英語？

そもそも、なぜ、日本人にとって英語なのでしょうか。話者の人口で見ると、中国語がトップで次がスペイン語、次が英語です。さらに英語話者の人口は、やがてアラビア語話者に抜かれると予想されています。「英語は世界共通語」という認識は、今後の世界でも通用するのでしょうか？

子どもが将来、社会に出て役に立つことを教育するのが学校教育の機能だとすれば、学習すべき外国語は英語より中国語ということにならないでしょうか？　しかも、日本人にとっては英語よりも中国語のほうが習得は簡単なのです。

自動翻訳が前提となる社会が到来するのですから、この機会に学校の語学教育のあり方も検討していただけたらと思っています。

「認知科学」から考える、AI時代の「学び」

慶應義塾大学教授　今井　むつみ

当たり前に使っている「学ぶ」という言葉。でも、「学ぶ」とは、人にとって、いったい何がどうなることなのかと改めて問われると……？「知識」が増えることが「学ぶ」ことでしょうか。それなら「知識」とはいったい何でしょうか。「学びの仕組み」を知らずして、これからのＡＩ時代を生きる子どもたちに必要な「学び」はできません。「認知科学」がご専門で、幼児が母語を学ぶ仕組みの研究を通して、人にとっての「学び」を探究しておられる今井むつみ先生にお話をうかがいました。

「認知科学」とは

●「認知の仕組み」を明らかにする

――まず、先生のご専門である「認知科学」とはどのような学問なのか、教えてください。

「認知科学」は一つの学問というわけではなく、言語学、人類学、脳科学、哲学に至るまで、人の知の働き・仕組みの探究であれば「認知科学」に含まれます。

私の専門はそのなかでも「認知心理学」でして、知覚や記憶、学習などについて実証的に研究しています。学校の先生方は、もちろん子どもの「学び」について経験的に把握しておられると思います。私はこれまでの経験で得られた知見もふまえつつ、外部からの情報を人はどう処理し、「記憶」となり「知識」となるのかという「認知の仕組み」を明らかにしようとしています。

とくに赤ちゃんや幼児が、何を足がかりに言語を学習していくのかを研究しています。子どもは、誰からも何も教えられずとも、耳に入ってくる一つひとつの言葉の意味を自分で推測し、文法を見つけ出していきます。これはまさに「自ら学ぶ力」であり、今の教育で大いに強調されているところですね。

●「学びの仕組み」を知る

――「認知の仕組み」を知ることで、「学びの仕組み」を知ることができるのですね。

そうです。たとえば医学でいうと、かつて病気の治療は長老の智恵に頼り（祈祷師の場合もありますが)、「この症状にはこの薬草が効く」と経験則から対応していました。

でもそれは、対症療法でしかありません。その薬草は本当にその病気に効果があるのかもしれないけれど、「なぜ効くのか」はブラックボックスの中です。

それが近代では、医学が発達して「病気の仕組み」を解明できるようになり、病状に適した薬を開発することで、より的確な治療が可能となるようになったのです。

この構図は教育も同じではないでしょうか。経験的に「これがよい教育だ」というものが積み重ねられた結果、今の学校教育がありますが、「なぜよいのか」は必ずしも明らかではありません。「認知科学」に基づいて「学びの仕組み」がわかると、たとえば子どもがつまずいたときでもその原因に正対した対応をとることができます。

そもそも「学び」は人それぞれ、非常に多様です。だから、すべての人にとって「よい方法」というものは、考えにくい。加えて子どもの発達段階によっても、「よい方法」は変わります。

その意味では教育は、本来テーラーメイ

いまい・むつみ
1989年慶應義塾大学大学院博士課程単位取得退学。1994年ノースウェスタン大学心理学部Ph.D.取得。専門は認知心理学、発達心理学、言語心理学。主な著書に『ことばの学習のパラドックス』(共立出版)、『レキシコンの構築』(共著、岩波書店)、『言語と身体性』(共著、岩波書店)など。

ドでしかあり得ません。テーラーするのは保護者であり教師ですが、どうしても自身の経験則や一般的な法則を目の前の子どもに当てはめようとしてしまいます。

テーラーメイドの「学び」を実現するためには、「認知科学」に基づく「学びの仕組み」を知ることが必要なのです。

「学び」とは？

●「知識」は普遍的・客観的ではない

——そもそも「学び」とは、何でしょうか。

「認知科学」にとって「学び」とは、「知識」を変化させることです。それではその「知識」とは何か。アクティブ・ラーニング（AL）との対比で「これまでの教育は知識偏重だった」と批判される向きもありますが、ここでいう「知識」は、歴史年表を覚えたり、英単語を単語カードで暗記したりした記憶の量を指しています。「知識」は客観的・普遍的であり、その断片をどんどん自分の中で貼り付け大きくしていくというイメージです。

私はこの「知識」のイメージを、トルコ料理から「ドネルケバブ・モデル」と呼んでいます。断片を貼り付け大きくすることが「知識」を得ることだと、多くの日本人が考えています。それは、「知識」＝「事実」であり、「覚えた事実の量」をテストで評価されるという経験をしてきているからです。

しかし、世界（＝「事実」）は客観的に存在していても、私たちは認知の過程で自分の「知識」や「経験」のフィルターを通して解釈しています。認知とはつまり解釈にほかなりません。したがって、「知識」は普遍的・客観的ではありえないのです。

「認知科学」においては、「知識」は常に変わるものです。入ってくる情報が、自分のなかにある「知識」の構造を変えていきます。自分のなかにある「知識」と、外部の情報が相互に依存し合っているのです。

●「知識」はどのようにして「生きる」のか

——「知識」は常に変わるとは、つまり「生きた知識」というイメージでしょうか。

そう、「生きた知識」とは、常にダイナミックに変動していくシステムということです。このシステムは、外部からの情報が加わることによって絶え間なく編み直され、変化していきます。

「知識」は、頭の中で覚えるだけでなく、身体の一部になってこそ使えるようになります。逆にいうと、身体の一部になっていない知識は、使えません。「知識」をいかに使うかという手続きそのものの記憶と切り離せないかたちで、脳内に存在するのです。

そして、「生きた知識」は、誰かに教えてもらうものではありません。自分で探すものです。赤ちゃんも、言葉一つひとつの意味を誰かに教えてもらっているのではなく、自分で探し、獲得しています。だからすぐに使うことができるのです。

また「生きた知識」は、目の前の課題解決だけでなく、新たな「知識」を創造するために使うこともできます。新たな「知識」はゼロからは生まれません。すでに知っている「知識」を組み合わせることで生まれます。これが創造力の源なのです。

断片を貼り合わせただけの「知識」は、使うことができません。使えないから、他の「知識」と組み合わせられないし、新しい「知識」を生み出すこともできません。

●「学び」の鍵——「スキーマ」

——外部からの情報を、人はどう「知識」として取り込むのでしょうか。

人が外部からの情報を認知するための体系を「スキーマ」といいます。人は、その人固有のスキーマによって外部からの情報を理解します。

人は、外部から取り込まれる情報を、自分なりにつじつまの合うように理解したいという欲求を持っています。その人のスキーマに関連して、容易に理解された情報のみが記憶され、スキーマに合わない情報は記憶されることもあまりありません。理解できない情報を生のまま記憶に取り込む、ということは非常に苦手なのです。

ただ、そもそもスキーマが誤っている可能性もありますね。スキーマは経験的につくられた「思い込み」ですから。スキーマが誤っていると、学習はむずかしくなってしまうので、それを乗り越える必要があります。

ですが、スキーマは言葉で教えることはできません。その人の中でそのスキーマがつくられないようにするということはできないですし、科学的に正しいスキーマを子どもたちに直接教えることもできないのです。

大事なのは、誤ったスキーマをつくらないことではなく、誤った「知識」を修正し、それとともにスキーマを修正していくことです。それは断片的な「知識」の獲得からではなしえません。

――それでは、誤った「知識」をどのように修正していけばよいのでしょうか。

子どもを上から引っ張り上げるのではなく、自分で興味を持ってよじ登っていけるような環境をつくることです。子どもの間違いを頭から否定せず、誤ったスキーマを持っているときはそれを見極め、子どもが自分のスキーマがおかしいことに気づけるような状況を設定することです。子どもの発達の段階に合わせて、子どもが自分で発見し、自分で進化できるような状況が必要です。

●「記憶」は必要？

――「ネット検索があれば記憶は必要ないのでは」ともいわれますが、いかがでしょう。

「暗記」のすべてが悪いということはありません。いくら検索ですぐに情報が取り出せても、人には瞬間瞬間の判断が求められることがありますし、そのためには「記憶」＝「知識」が必要となります。

たとえばサッカー選手は「今、誰にパスを出すべきか」を、一瞬で膨大な量の計算を行って判断しています。その計算をするためには、膨大な記憶が必要です。記憶と、外部から取り込まれた情報を関連させ、「生きた知識」として使って判断しているのです。いちいちネット検索が必要だと、その場に合った判断を瞬間的にすることはできませんね。

「学び」の目的

●「熟達者」をめざして

――「学び」の目的とは何でしょうか。

私たちは、「熟達」するために学びます。「熟達」とは、経験とともに熟練し、前よりも短時間で、上手に、正確にできるようになることを指します。この過程を認知科学では「熟達化」と呼びます。「学ぶ」過程は「熟達」する過程です。その過程で、学び手は学習をより効率化するためのスキーマをつくり、学び方を学んでいきます。

――一般に「頭がよい」というのは、「熟達」することでしょうか。

それはどうでしょうか。そもそも「頭がよい」「頭をよくする」とは何をどうすることなのか、定義されていませんね。計算がすばやくできるようになることが「頭がよい」ことなのか。複雑な問題にじっくり取り組み、長い時間をかけて粘り強く解決していくことが「頭がよい」ことなのか。人によっても場合によっても、使われ方が異なる言葉です。

よく、脳の状態を測定して、特定の部位が活性化したことを称して「頭がよくなった」といわれたりしますが、それは何を指していることなのでしょうか。

――「熟達」するのに、持って生まれたもの＝才能は関係あるのでしょうか。

才能の有無を決定する単一の遺伝子、たとえば「将棋の遺伝子」や「野球の遺伝子」のようなものは存在しません。あらゆる能力は、多くの遺伝子と環境要因・成熟要因が複雑に絡み合うところに出現します。

しかし、何かに夢中になって、練習すればするほど向上することがわかり、さらに練習するようになる。練習に工夫を重ねること自体が喜びになり、生活の一部になる――このようなサイクルがあるとすれば、そのような性格を「特段にすぐれた能力」という意味で「才能」と呼ぶのはかまわないと考えます。

「熟達」するには、粘り強さが必要です。長く続けられる「根気」と、失敗しても諦めない「打たれ強さ」を兼ね備えたものです。子どものうちに、むずかしいことをすぐにあきらめず、同じことを繰り返すことに飽きたりせず、粘り強く続ける力を育成していくことが求められます。

――そのために、大人が環境を整えることが必要なのですね。

そうです。子どもが自分で興味を持ってよじ登っていけるような環境です。子どもにとって何より重要なのは、テストでよい点をとって評価されるという外的な報酬ではなく、子どもが自分で何かを知りたい、理解したいという内在する知的好奇心です。

算数などの教科教育は、「熟達者」を育てるものになっているでしょうか。学校での「学び」が、日常生活とかかわりのないものとなり、子どもがそれに意義を見出せなくなっているとすれば、子どもが学校で学ぶさまざまな領域の「熟達者」になることは、おそらくむずかしいでしょう。

たとえばドリル学習について、複雑な問題解決ができるようになるためには、計算能力は絶対に必要です。でも、単なるドリルは、子どもの内発的動機づけという点から考えると、最善とはいえません。ドリルばかりを続けていると、何のためにその学習をしているのかを見失ってしまいがちだからです。

「知識」とは、「覚えるべき事実」ではなく、ある目的のために「使える」、あるいは「創り出される」ものであるべきです。そして、「生きた」「使える」知識を得るための条件としてまず第一に必要なのは、子どもが、自分が学ぶべき知識の価値を理解することです。

そのために、新しいことの学習は、実世界とのつながりがわかるようなかたちで行われるべきだと考えます。

「主体的・対話的で深い学び」のカギ

――「主体的・対話的で深い学び」（ＡＬ）の注意点は何でしょうか。

認知学習論の考え方からすると、ＡＬの理念は適切です。しかし、問題解決能力を使えるようになるためには、さまざまな下位スキルの能力を、長い時間をかけて身につけていかなければなりません。

現在の「総合的な学習の時間」などを見てみると、多くの場合、細切れにさまざまなテーマを扱うだけになっている印象があります。これでは、一時的にそのテーマに興味を持てても、学習した内容が連続せず、子どもがすでに持っているスキーマと有機的に連結せずに終わってしまいかねません。

子どもが自分で知識の体系を構築できるようなカリキュラムとするには、子どもが持っているスキーマと、教科教育内容との関連性を把握し、関連していない場合にはスキーマを修正していく工夫が必要となります。

また、今の学習内容と以前の学習内容とのつながりを子どもが理解でき、知識が断片化せずに互いに関連し、体系化した知識が構築できるようなカリキュラムにしていかなければなりません。

なお、「ＡＬでは、子どもが自分で発見することが必要だ」というと、「すべてを子どもに任せて放っておくのがよい」ととらえられることもありますが、これは誤解です。

「知識」がないと人は学べません。知識のシステムを構築するためには、広がりと深さのどちらもが必要です。そのためには、まず学校は「知識を覚える場」ではなく、知識を使う練習をし、探究をする場となるべきです。知識を使う練習とは、持っている知識をさまざまな分野でどんどん使い、それによって新しい知識を自分で発見し、得ていくということです。それこそがＡＬの本質です。

協働的に学ぶことも、認知科学的にはとても意味があります。そもそも社会では、一般に私たちは必ず他の誰かとやりとりを行っていますね。

ただ、うまく協働するためには条件もあります。やみくもに人が集まれば、一人ではできない何かが生まれるわけではありません。協働するためには、一人で考えることも疎かにしてはなりませんし、自らの思考を客観的に把握し認識することも必要となります。

AI時代の「学び」

●AI時代の教師に求められること

ＡＩは少し過大評価されていますね。ＡＩは自動ピアノのようなものです。人はなぜ、自動ピアノがあるのに、わざわざピアニストの演奏会に行くのでしょうか。それは、ピアニスト独自の個性があるからです。

曲にはもちろんそれぞれの弾き方が細かく定められています。ですが、いつも教科書どおりの演奏をしていては、聴いているほうはつまらない。ピアニストは、伝統に忠実に演奏するけれども、ホール、時間、観客などに応じたその一瞬の演奏をします。そこが違うのです。

これと同じことが教師にもいえます。教科書どおりに教えるのか、目の前の子どもたちのその一瞬に合わせて授業をするのか。

子どもが必要とすることは一人ひとり違います。子どもの興味や反応も一瞬ごとに変化します。教科書を無視するわけではなくても、その一瞬にしかない場面が教室にはありますね。教師が想定していなかった子どもの発言を、無視するのか、それともそこから展開させるのか。

そこが、子どもの気持ちに火をつけるかどうかの境目です。子どもが「学びたい」と思えるように、子どもの気持ちに火をつけることが、先生方のこれからの役割ですから。

あとがき

人間がつくったもので、変えられないものはありません。国も、社会のさまざまなシステムもそうです。もちろん学校も同じです。「国（自治体）がしていることはおかしい」「もっと行政はこうしてほしい」と感じることがもしあるのであれば、まずは自分が自校でできることを探し、チャレンジしていきませんか。

月刊『教職研修』は、そのような主体的な学校管理職の先生方にとって必要な情報を、これからも提供していきたいと考えています。

私たちもまた、巻頭インタビューの機会を通して自分たちのあり方を見つめ直し、大事にしてきた価値を守りつつも、常に変わり続けていく姿勢の大切さに気づくことができました。この場をお借りして、ご登場いただいた諸氏にお礼申し上げます。

『教職研修』編集部

初出一覧（掲載順）

■1章

- 自分の頭で考える子どもを育てよう　『教職研修』2018年6月号
- 「多様性」の問題を“自分事”として受け止めるために　『教職研修』2018年12月号
- 多様性は大変だし、めんどくさいけど、いいこと。　『教職研修』2019年9月号

■2章

- これからの「働き方」を考えよう　『教職研修』2019年4月号
- なぜ、日本人は定時に帰りづらいのか？　『教職研修』2019年2月号
- 先生、お願いですから寝てください。　『教職研修』2017年11月号
- 「男とはかくあるべし」から解放されなければ、働き方は変わらない　『教職研修』2017年9月号

■3章

- 「ポスト真実」時代の教育　『教職研修』2017年6月号
- 「動的平衡」から考える、教育という営み　『教職研修』2019年1月号
- 岐路に立つ民主主義と、教育　『教職研修』2019年10月号

■4章

- 学校がうるさい！「苦情」増加時代の学校のあり方　『教職研修』2017年12月号
- 学校の「ハラスメント」問題　『教職研修』2018年9月号
- 安心して絶望できる学校ですか？　『教職研修』2019年8月号

■5章

- 「個人の時代」を生き抜くための「主体的な学び」　『教職研修』2018年7月号
- 改めて、「対話」とは何か　『教職研修』2019年7月号
- 「科学リテラシー」に人類の未来がかかっている　『教職研修』2017年10月号
- ＡＩ翻訳で、英語学習は必要なくなるのか？　『教職研修』2018年10月号
- 「認知科学」から考える、ＡＩ時代の「学び」　『教職研修』2018年11月号

教育の未来をつくるスクールリーダーへ
——18人の識者が語る、これからの学校

2020年2月1日　第1刷発行

編　集　『教職研修』編集部
発行者　福山 孝弘
発行所　株式会社 教育開発研究所
〒113-0033　東京都文京区本郷 2-15-13
TEL03-3815-7041 ／ FAX03-3816-2488
http://www.kyouiku-kaihatu.co.jp
表紙デザイン　長沼 直子
印刷・製本　株式会社光邦

落丁・乱丁本はお取り替えいたします。定価はカバーに表示してあります。
ISBN978-4-86560-521-1　C3037